기획 이진우

MBC 라디오 '이진우의 손에 잡히는 경제'의 진행자이자 경제 유튜브 '삼프로 TV'의 부대표를 맡아, 쉴 틈 없이 대중에게 다방면의 경제 이야기를 풀어내고 있습니다. 1999년부터 서울경제신문과 이데일리에서 약 15년간 경제신문 기자로 일했으며, 2010년 한국기자협회가 주는 경제보도부문 한국기자상을 수상했습니다. 알쏭달쏭한 경제를 쉽고 재미있게 전달하기 위해 노력하는 방송인.

글 글몬

도서관의 책 사이에서 태어난 몬입니다. 어릴 적엔 책 사이를 덤벙덤벙 뛰어다니다 자주 혼이 났습니다. 문예창작을 전공한 뒤 글 쓰는 글몬이 되었습니다. 몬섬의 몬들이 가상 세계 골드시티에서 좌충우돌하며 경제를 배우는 이야기를 쓰고 있습니다.

그림 지문

대학에서 역사를 공부하며 느낀 세상의 이야기들을 그림을 통로로 다양하게 전하고 있습니다. 현재 ㈜예성크리에이티브 대표, 한국어린이그림책연구회 회원이며, 강남구립도서관에서 미래의 그림 작가님들과 만나 소통하고 있습니다. 그린 책으로 코딩 동화 『팜』 시리즈와 『우리 아빠가 어때서!』, 『우리는 다양해:생물』, 『뜻밖의 재미난 이야기로 한국사를 만나는 특별한 역사책』, 『플라스틱:안 사고, 다시 쓰고, 돌려 쓰고』 등이 있고, 그린 웹툰은 〈안동 선비의 레시피〉, 〈인이와 공이의 메타버스 여행〉, 〈제가 조선의 운명을 바꿔 보겠습니다〉 등이 있습니다.

어린이를 위한 사회탐구 프로젝트

② 시장 경제의 비밀

기획 이진우 | 글 글몬 | 그림 지문

아울북

차례

"어린이 경제 이야기"를 펴내며 ……………… 6

1장 팜섬에 오신 것을 환영합니다 ……………… 15

2장 어느 농장으로 갈까? ……………… 28
- 원정대의 온숭아 토크 두 농장, 달라도 너무 달라!
- 이기자 리포트 시장 경제 vs 계획 경제

3장 갖고 싶은 게 너무 많아 ……………… 52
- 이기자 리포트 희소성과 합리적 선택
- 게임1 다른 그림 찾기 캠핑은 즐거워!

4장 딸기 농사의 불청객 ----- 80
- 게임2 단어 만들기 지우리의 약병 찾기

5장 번쩍이는 아이디어 ----- 97
- 원정대의 온숭아 토크 반디레드, 정체가 뭐야?
- 이기자 리포트 분업과 대량 생산

6장 초보 장사꾼, 위기를 만나다 ----- 116
- 이기자 리포트 수요와 공급, 가격 결정
- 게임3 가로세로 낱말 퀴즈 그게 뭐였더라?

7장 위기의 몬 원정대 ----- 139

3권 미리보기 ----- 150

"어린이 경제 이야기"를 펴내며…

많은 부모님들이 아이에게 일찍부터 경제 교육을 시키고 싶어 합니다. 왜냐고 물으면 어릴 때부터 경제관념을 제대로 심어 주기 위해서라고 답을 하십니다. 그런데 그 '경제관념'이라는 건 도대체 뭘까요. 우리는 경제관념을 절약 정신이나 재테크 감각과 유사한 개념이라고 오해합니다. 그래서 어린이들의 경제 교육을 용돈을 아껴 쓰라고 강조하거나 은행에 가서 통장을 만들고 저금하는 법을 알려 주는 걸로 시작합니다.

경제는 합리적 선택의 결과물입니다

저의 지인은 아이가 아이스크림을 사 달라고 하면 집 앞 편의점으로 가지 않고 일부러 한참을 가야 하는 아이스크림 할인점까지 아이를 데리고 걸어간다고 합니다. 편의점에서는 천오백 원인 아이스크림을 거기서는 천 원에 파는데, 그걸 아이에게 사 주고 돌아오면서 오백 원이라는 돈을 아끼기 위해 들인 노력을 설명해 준답니다. 왜 그렇게 하느냐고 물으니 아이에게 경제관념을 심어 주기 위해서라고 합니다. 돈의 소중함을 느끼게 하고 돈을 아껴 쓰는 습관을 길러 주는 게 경제관념을 키우는 길이라고 생각한 것 같습니다.

그러나 경제관념이라는 건 그런 게 아닙니다. 적은 돈도 절약하고 저축해야 한다고 가르칠 게 아니라, 아이스크림 할인점에서 천 원에 파는 아이스크림이 왜 편의점에서는 천오백 원에 팔리고 있는지를 설명해 줘야 합니다. 똑같은 아이스크림이 편의점에서 더 비싼 이유를 편의점 주인이 욕심이 많기 때문이라고 설명해서도 안 됩니다. 거래 관계에서는 나쁜 사람과 착한 사람의 구별이 없다는 것, 우리 모두는 예외 없이 욕심을 갖고 있으며 모두 각자의 위치에서 가장 합리적인 선택을 할 뿐이라는 걸 알려 주는 게, 더 중요한 경제 교육입니다.

만약 같은 가격에 아이스크림을 팔면 사람들은 쉽게 접근할 수 있는 편의점으로만 가게 된다는 점, 그래서 할인점은 편의점보다 싸게 팔아야 장사를 할 수 있다는 점을 꼼꼼하게 설명해 주는 게 아이들에게 더 필요한 경제 교육입니다. 아이들은 그런 설명을 들을 때 아이스크림 가격 하나에서도 입체적인 개념을 갖게 됩니다.

경제를 접하는 아이의 경험이 중요한 이유

미국 하버드 대학교의 라즈 체티 교수는 '계층 이동성'에 대해 연구하는 학자입니다. 계층 이동성이란 쉽게 말해 저소득층 가정에서 태어난 아이가 어른이 됐을 때 고소득층으로 편입되는 걸 의미하는데요. 라즈 체티 교수의 연구는 저소득층이 고소득층으로 계층 이동을 하는 데 있어서 중요한 요인들이 무엇인가를 찾아내는 것에 초점이 맞춰져 있습니다.

　흥미로운 연구 결과들이 있습니다. 예를 들면 저소득층 가정에서 태어난 아이들을 두 그룹으로 나눈 다음, 친구의 70% 이상이 부유한 집안의 아이들인 그룹 A와 친구들 역시 대부분 저소득층 출신인 그룹 B를 수십 년간 추적 관찰했더니, 부자 친구가 많았던 그룹 A가 성인이 됐을 때 평균 소득이 B그룹보다 20%가량 더 높았습니다.

　또 다른 연구도 있죠. 미국의 유명한 대학에 다니는 학생들 중 성적이 비슷한 학생들의 부모 소득을 조사해서 소득이 낮은 집 출신 학생들(A)과 소득이 높은 집 출신 학생들(B)로 구분한 뒤 수십 년 후에 두 그룹의 평균 소득을 조사해 봤더니, B그룹의 소득이 훨씬 더 높았습니다. 어린 시절의 경제적 여건에 따라 왜 소득에서 차이가 생기는지 궁금했던 라즈 체티 교수는 A그룹과 B그룹 학생들의 직업을 하나하나 살펴보다가 아주 재미있는 현상을 발견했습니다.
　이 학생들 중 고소득층 출신 학생들(B)은 졸업 후에 컨설팅이나 금융업 등 소위 돈을 잘 버는 업종으로 취업한 반면, 저소득층 출신 학생들(A)은 공무원이나 저널리스트 같은 공적인 영역의 직업을 선택한 경우가 많았던 겁니다. 그러다 보니 소득도 B그룹이 더 높았던 것이죠.
　A그룹 학생들이 유독 공적인 영역으로 더 많이 진출한 이유에 대해서

는 아직 명확하게 밝혀진 바가 없습니다. 저 개인적으로는 A그룹의 학생들이 자라면서 부모와 비슷한 가치관을 갖게 되어, 돈을 좇는 직업보다 공적인 일이 더 가치 있다고 판단했던 게 아닐까 생각합니다. 반면 B그룹의 학생들은 어릴 때부터 돈을 버는 일이 얼마나 의미 있고 재미있는 일인지, 그런 걸 방해하는 규제가 얼마나 부당한 것인지에 대한 이야기를 부모들로부터 간접적으로 자주 전해 들었을 가능성이 크고, 그게 직업을 선택할 때 영향을 줬을 것이라고 추측합니다.

세상을 흑백 논리로 나누지 않게 해 주세요

어느 한쪽으로 치우치지 않고 현실을 그대로 투명하게 이해하는 '경제관념'은 그런 이유로 인생에서 매우 중요합니다. 하루 종일 열심히 일하는 근로자 A보다 두어 시간 일하다 퇴근하는 고용주 B의 월급이 더 많은 건 고용주 B가 사악하거나 비도덕적이어서가 아니라, 근로자 A의 일을 할 다른 후보자들이 많기 때문이라는 걸 아이들도 이해할 수 있게 해줘야 합니다.

그러지 않으면 월급이 부족하다는 생각이 들 때 잘못된 선택을 하게 됩니다. 부가 가치가 낮은 일 대신 다른 일을 하기 위해 자기 계발을 좀 더 해야겠다고 생각할지, 아니면 욕심 많은 고용주와 싸워서 임금을 올려

야겠다고 생각할지는 그가 갖고 있는 '경제관념'이 결정합니다.

그런 점에서 우리나라의 경제 교육은 매우 수준이 낮거나 엉뚱한 내용으로 가득합니다. 미국에서는 고용주가 근로자에게 어떤 이유로 임금을 지급하는지, 경기와 실업의 관계는 어떠한지를 가르치는데, 우리나라는 용돈을 스스로 벌게 하면서 절약이 왜 중요한지를 강조합니다. 미국은 부채(빚)는 좋은 부채와 나쁜 부채가 있으며 리스크 관리를 잘하면 부채가 자산 증식의 좋은 수단이 될 수 있다고 가르치는 데 반해, 우리나라의 경제 교육은 부채가 피해야 할 나쁜 것이라는 점만 강하게 주입합니다.

세상의 모든 사람들은 예외 없이 이기적이고 자신의 이익을 위해 움직인다는 것을 이해하지 않은 채 세상을 선과 악으로 구분하고 나에게 호의적인 사람과 적대적인 사람, 내 편인 사람과 남의 편인 사람으로 나눠서 보는 건 굉장히 위험한 일입니다. 합리적인 판단을 하는 사람은 나에게 지금 판매하려는 금융 상품의 좋은 점만 나열하는 사람을 의심의 눈으로 봅니다. '왜 저 사람은 자신의 이익보다 내 이익을 더 챙기려고 할까. 나에게만 유리한 거래라는 게 있을 리 없는데.'라고 생각하는 게 올바른 경제관념입니다. 그래야 오히려 속지 않습니다.

그런데 세상을 선과 악, 또는 아군과 적군으로 나누면 '저 사람은 선한 사람이고 우리 편이라서 나에게 좋은 상품을 권하는구나.'라고 생각하고 의심을 거두게 됩니다. 금융 사기 피해는 그런 곳에서 싹틉니다.

일상의 이야기를 통해 경제관념을 배울 수 있기를

우리가 아이들의 경제 교육을 중요하게 생각하는 이유는 어릴 때부터 경제관념을 심어 주기 위해서이며, 그리고 경제관념이라는 것은 일상에서 벌어지는 모든 일의 합리적인 이유와 배경을 잘 이해하는 지적인 힘을 의미한다고 말씀드렸습니다.

그런 면에서 아이들이 흥미를 가질 수 있도록 잘 짜여진 재미있는 일상과 그 안에서 벌어지는 다양한 사건들을 담고 있는 『돈말리는 경제 모험』이 아이들의 경제 교육에 도움이 될 것입니다. 주인공들이 인간 세상의 경제 상황을 맞닥뜨리면서 선택해야만 하는 것들의 합리적인 이유와 배경을 이해할 수 있게 해 주세요. 그런 과정을 통해 세상에서 벌어지는 일들을 이해하는 지적인 힘을 조금이라도 기를 수 있게 된다면, 수요 공급의 법칙이나 희소성의 원칙을 설명하는 것보다 훨씬 유익한 경제 교육이 될 수 있을 것이라고 생각합니다.

이진우("MBC 손에 잡히는 경제"·"삼프로TV" 진행자)

등장인물

그란발
- **종족** 큰발족
- **좋아하는 것** 벌레, 소동물과 소통하기
- **싫어하는 것** 다툼, 심각한 분위기

벅찬 마음으로 골드시티로 왔건만,
장미 축제에서 벌금 폭탄을 맞고 좌절한다.
그냥 신나는 모험이 펼쳐질 줄 알았는데 난데없이
존재가 위태로운 상황에 처하다니…….
도대체 골드는 어떻게 버는 건데?

지우리
- **종족** 나무족
- **좋아하는 것** 책 읽기, 약초 실험
- **싫어하는 것** 불한당, 예의 없는 사람들

몬섬의 약초사답게 골드시티에 와서도
해박한 약초 지식을 선보인다.
어떤 환경에서도 도움이 될 약초를 찾아내는 놀라운
관찰력의 소유자. 골드시티 동쪽 숲 호숫가의
수상한 꽃에서 반디레드 문제를 해결할
단서를 발견한다.

깜토

종족 그림자족
좋아하는 것 핫쵸코, 부드럽고 포근한 것
싫어하는 것 억지로 잠을 깨우는 것

쿨쿨병에 걸려 돌이 될 뻔했지만,
알 수 없는 이유로 깨어났다.
골드시티에 온 뒤 단 한순간도 졸지 않았다.
매 순간 새로운 사건이 생겨서 졸릴 틈도 없다.
우연히 하게 된 계산에 의외로 소질을 보여,
몬들의 골드 모으기에 중요한 역할을 하게 된다.

비비

종족 날개족
좋아하는 것 새로운 일에 도전하기
싫어하는 것 도망치기, 포기하기

언제나 열정이 넘치며 자신감에 가득 차 있다.
용기만 있다면 뭐든 다 할 수 있다고 생각하는
원정대의 든든한 리더.
겁이 없다 보니, 때때로 생각보다 몸이 먼저
움직여 버리곤 한다.

제나

대상인이 꿈이지만, 당장 아침에 눈뜨는 것조차 힘들어하는 열두 살 여자아이. 몬들의 캐릭터를 특이한 콘셉트라고 생각해 아무런 의심을 품지 않는다.
아이디어도 좋고 신용도 있는 몬들을 적극적으로 응원한다.

하루

즉흥적인 제나를 이해할 수 없다고 말하면서도 정신을 차려 보면 어느새 제나의 무모한 도전에 함께하고 있는 자신을 발견한다.
다른 사람의 일에 끼어드는 건 딱 질색이지만, 몬족의 일에는 은근슬쩍 하나씩 끼어드는 중.

- 지난 이야기 -

깊은 잠에 빠져 돌처럼 딱딱하게 굳어 버리는 '쿨쿨병'으로부터 친구들을 구하기 위해, 인간들을 따라 골드시티로 들어온 몬 원정대!
돈 없이는 불편한 인간 세상에서 살아가기 위해 아르바이트를 시작하지만, 기어코 사고를 치고 마는데…….
장미 축제장에서 겪은 어려움은 시작에 불과했다. 과연 몬들은 무사히 1,000골드를 모아 그란발을 위기에서 구해 낼 수 있을까?

1장

팜섬에 오신 것을 환영합니다

1,000골드를 못 모으면 골드시티에서 몸이 삭제된다. 삭제는 사라지는 거다. 인간들은 아바타가 사라져도 괜찮다. 그건 진짜가 아니라 분신이니까. 다시 새 아바타를 만들면 그만이다. 하지만 몬들은 분신이 아니라 진짜다. 그란발이 여기서 삭제를 당하면 어떻게 되는 걸까? 그건 누구도 알 수 없는 일이었다. 쿨쿨병 해결법을 찾기도 전에 그란발이 영영 사라져 버릴 수도…….

깜토는 눈물을 글썽거리며 그란발을 꼭 껴안았다.

"사라지면 안 돼, 그란발."

지우리가 토닥였다.

"벌써부터 그러지 마. 아직 10일 남았어. 방법이 있을 거야. 골드를 벌 방법."

그란발이 시무룩하게 말했다.

"어떻게 골드를 벌지? 다른 아바타들은 다 성공한 퀘스트도 우리는 실패했잖아."

비비 대장과 깜토, 지우리까지 모두 침울해졌다. 이 정도면 쿨쿨병에 걸리는 것보다 더한 위기처럼 느껴졌다.

그란발이 말했다.

"우리가 매일 생기는 1골드를 쭉 모으면 언젠가 1,000골드가 될 텐데."

깜토가 얼른 셈을 해 보고 말했다.

"각자 하루에 1골드씩 모으면, 딱 250일이 필요해."

지우리가 머리를 흔들었다.

"하지만 이걸 10일 안에 해야 한다고."

몬들은 땅이 꺼져라 한숨을 쉬었다.

비비 대장이 주먹을 불끈 쥐며 말했다.

"방법이 있을 거야. 지우리, 생각나는 거 없어?"

지우리가 수첩을 훑어보곤 고개를 가로저었다.

"전혀 모르겠어. 하루와 제나에게 조언을 구해 보자."

몬들은 두 사람이 늘 등장하는 광장에서 기다려 보기로 했다. 시간이 얼마나 지났을까, 광장 한쪽이 소란스러워지며 익숙한 목소리가 들렸다.

"내 딸기 돌려줘! 왜 너희들 마음대로 거리를 차지하고 돈을 내라는 건데?!"

"제나야, 이런 사람들 상대할 필요 없어. 그냥 신고하자!"

제나와 하루였다. 몬들은 곧장 소리가 나는 쪽으로 달렸다.

우락부락한 모습의 남자 셋이 판매대를 차지하고 있었다. 제나의 것으로 보이는 빨간 무언가를 손에 들고. 제나는 까치발을 하고 폴짝폴짝 뛰며 그것을 되찾으려고 했다.

"저 인간 나쁘다. 내가 제나 대신 혼내 줘야겠어!"

그란발이 씩씩대며 판매대 앞으로 나아갔다. 큰 발을 쿵쿵 거리고 양손을 꽉 쥔 모양새는 누가 봐도 위협적이었다.
그걸 본 몬들이 소스라치게 놀라며 그란발을 붙잡았다.
"그란발! 안 돼!"

"오, 저 묘하게 생긴 녀석들은 누구야?"

"신상 아바타인가? 귀여운 녀석들이군!"

그란발이 요란스레 돌진한 탓에, 모여들었던 사람들의 눈은 모두 몬족을 향해 있었다. 제나를 괴롭히던 녀석들은 왁자지껄한 소동을 비웃듯 이죽거렸다.

"너네들 뭐냐? 얘네 친구야? 같이 덤비려고?"

하지만 곧 몬들이 합동 공격에 나서자…….

건달들은 순식간에 멀리 날아가 버렸다. 구경하던 아바타들이 몬들을 향해 환호하며 박수를 보냈다.

"오, 대단한 능력을 가졌네. 멋지다!"

가장 기뻐한 건 제나였다.

"도와줘서 정말 고마워. 감사의 표시로 내가 수확한 딸기를 줄게. 정말 맛있고 달콤하거든."

제나의 말에 몬들의 눈에서 순식간에 눈물이 그렁그렁 차올랐다. 골드시티에 들어온 이후 대가 없이 무언가를 받는 건 불가능하다고 생각했는데, 이 삭막한 골드시티에서 이런 친절을 경험하다니…….

몬들은 순식간에 딸기 한 팩을 모두 먹어 치웠다. 인간 세상의 딸기라는 과일은 몬숭아만큼이나 달고 맛있었다.

"인간 세상에도 이렇게 맛있는 게 많은데, 왜 오래전엔 몬숭아를 그렇게 탐냈을까?"

깜토의 질문에 지우리가 곰곰이 생각하다 말했다.

"더큰발 장로님 말씀대로, 인간의 욕심 때문이겠지."

제나는 그 사이 판매대에 딸기를 예쁘게 쌓아 올리고 가격표를 붙였다. 그리고 지나다니는 사람들을 향해 외쳤다.

지우리가 고개를 갸웃거리며 메모를 남겼다.

왜 팜섬과 이곳의 가격이 다르지?

팜섬에서 막 따 온 싱싱한 딸기는 인기가 좋았다. 더군다나 아바타들을 괴롭히곤 했던 건달들을 물리친 영웅들이 있다는 소문에 제나의 판매대에는 더 많은 아바타들이 모여들었다. 덕분에 판매대 대여 시간인 두 시간을 다 채우기도 전에 딸기가 다 팔려 나갔다.

몬들은 언제부터인가 제나와 하루에게 계속 도움을 받고 있었다. 이들을 인간 세상으로 데려온 것도 두 사람이었다. 물론 아이들은 기억하지 못했지만.

몬들은 제나를 따라서 G패스로 친구 등록을 완료했다. 하루 역시 몬들의 친구가 되었다.

"이제 필요할 땐 언제든 G패스로 연락할 수 있어. 물어볼 게 있거나, 재미난 일 생기면 얘기해 줘~."

"참, 어제는 골드 많이 모았어? 퀘스트 하러 간다고 했잖아."

하루의 말에 화기애애했던 분위기가 한순간에 차갑게 식어 버렸다. 잠시 잊고 있던 어마어마한 벌금이 떠올랐다.

고민하던 제나가 가장 현실적인 방법이라며 알려 주었다.

"골드시티를 시작한 지 얼마 안 됐지? 차라리 캐릭터를 삭제하고 새 캐릭터를 만들어 접속해."

하루도 제나의 의견에 동의했다.

"그게 좋겠다. 며칠 새에 1,000골드를 모으는 건 정말 어려운 일이라고."

하지만 비비 대장이 고개를 저었다.

"우리 몬족은 그렇게 할 수 없다."

"그것도 몬족 콘셉트야?"

"그렇다고 치자."

하루가 신중하게 말했다.

"사정이 정 그렇다면, 좀 힘들어도 골드를 안정적으로 벌 수 있는 퀘스트를 해야겠네."

"그런 게 있어?"

"팜섬 허니농장에서 과일을 키워서 파는 거야."

제나가 말을 보탰다.

"그래, 방금 내가 판 딸기도 팜섬에서 수확한 거야."

비비 대장이 신중히 고민했다.

'과일을 따는 거라면 할 수 있으려나? 몬섬에서도 늘 나무 열매를 따서 먹곤 했으니까.'

몬들이 선뜻 나서지 못하자, 하루가 덧붙였다.

"팜섬에 가면 토지를 빌려서 직접 과일 농사를 지을 수 있어. 너희가 직접 농부가 되는 거야."

제나가 손가락 다섯 개를 쫙 펴 보였다.

"넷이 같이 농사를 지으면 1,000골드쯤은 5일 안에 벌걸."

5일 만에 1,000골드? 솔깃한 얘기에 비비 대장이 말했다.

"괜찮은 방법 같다. 한번 해 보자."

지우리가 대답했다.

"맞아. 몬숭아를 따듯 과일을 따면 되는 거잖아."

몬들이 화르르 의욕을 불태우자, 제나가 구체적인 계획까지 세워 주었다.

"허니농장에서 농사를 지으려면 땅 사용료 10골드를 내야 하거든. 내가 10골드 빌려줄게."

제나의 친절에 몬들의 눈이 동그래졌다.

"우린 친구잖아. 골드를 벌면 그때 돌려줘. 내일은 월요일이니까 저녁 7시에 하루랑 팜섬 시장으로 올게."

그란발이 제나를 덥석 껴안았다.

2장

어느 농장으로 갈까?

번쩍.

다채로운 빛깔이 번쩍이는 공간을 지나자, 주변의 향기가 달라졌다. 사방에서 달콤한 향들이 밀려 들어와 연신 코를 벌름거리게 만들었다.

이곳에도 입구부터 다양한 상점들이 있었다. 과일 가게, 카페, 빵집, 핫도그 가게, 농기구 판매점, 식재료 판매점, 캠핑용품 판매점……. 그 가운데서 가장 눈에 띄는 가게는 돈스타 대리점이었다. 벌레 퇴치제 벌레싹 광고를 붙여 놓은 돈스타 대리점은 다른 가게보다 두 배는 더 크고 화려했다.

 그렇지만 몬들의 마음은 온통 과일 가게에 쏠려 있었다. 과일의 향긋한 냄새와 먹음직스러운 자태에도 몬들은 선뜻 손을 내밀지 못했다. 1골드도 보물처럼 여겨야 할 처지였으니까. 몬들이 우물쭈물하자, 상인이 먼저 말을 걸었다.

 "맛보는 건 공짜예요. 맛보기 하나씩 먹어 봐요~."

 아까부터 계속 침이 고였던 그란발이 공짜라는 말에 얼른 포도 한 알을 입에 쏙 넣었다. 다른 몬들도 하나씩 골라 맛을 봤다. 사과는 아삭하고, 포도는 달콤하고, 귤은 새콤했다. 그리고 딸기는…… 씹을수록 입 안 가득 퍼지는 향긋함! 몬숭아만큼 맛있었다. 이런 걸 수확하는 일이라면 얼른 시작하고 싶었다.

"다 맛있다~. 우리 무슨 농사를 지을까?"

"당연히 딸기지. 난 딸기가 제일 맛있는데?"

"난 포도도 좋은데……."

몬들의 대화를 들은 상인이 한마디 거들었다.

"오호라, 초보 농부구먼. 과일 수확하면 우리 가게로 가져오시우. 딸기 열 알, 포도 두 송이, 사과 네 개, 귤 열 개 다 2골드씩에 삽니다."

지우리가 판매대의 가격표를 가리키며 눈썹을 찌푸렸다.

"4골드에 파는 과일을 2골드에 산다고?"

상인이 푸핫 웃었다.

"우린 상인이라고, 상인. 사고파는 거래에서 이익을 남겨야 나도 장사를 하지."

지우리는 이 아리송한 상황을 얼른 메모했다.

상인들은 거래로 골드를 번다.

싸게 사서 이익을 붙여 판다.

비비 대장이 다시 상인에게 물었다.

"좋아, 그렇게 하지. 농장은 어디에 있나?"

상인이 시장 끄트머리를 가리켰다.

"저 앞에 삼거리로 가 보셔. 농장으로 가는 길이 있어. 표지판 보고 골라서 가면 돼."

상인의 말대로 시장 끝까지 가자, 두 갈래 길이 놓여 있었다.
한쪽은 써니농장, 다른 쪽은 허니농장으로 이어졌다.

그란발이 말했다.

"농장이 둘이네. 제나는 허니농장으로 가라고 했는데."

깜토가 표지판을 들여다보았다.

"근데 써니농장도 궁금하다. 공동 농장이래."

비비 대장이 끄덕였다.

"다 같이 일하고 골드도 똑같이 받는다면 당연히 좋은 거 아닌가? 그런데 우리가 가진 골드가……."

"제나가 준 10골드까지 하면, 모두 16골드야."

지우리가 제안했다.

"그럼 둘씩 나눠서 가 보고 비교해 보면 어때?"

비비 대장이 정리했다.

"그렇게 하자. 나하고 깜토는 써니농장으로, 그란발과 지우리는 허니농장으로 간다. 출발!"

입장료 1골드씩을 내고 들어가자, 이번에는 어느 농장으로 갈지 선택하는 창이 나타났다.

비비 대장과 깜토가 입을 맞춘 듯 말했다.
"딸기밭."
밭 선택까지 끝나자, 곧 비비 대장과 깜토에게 청색 점프 슈트와 머릿수건이 씌워졌다. 깜토가 신기해하며 말했다.
"하는 일에 따라 옷이 바뀌나 봐. 이거 재밌는데?"
옷이 거추장스럽긴 했지만, 복장이 달라지니 진짜 농부가 된 것 같은 느낌이 들었다.
밭을 향해 가는 길에 농사짓는 방법이 하나씩 쓰여 있었다.

- 농사는 오후 3시부터 시작합니다.
- G패스의 안내에 따라 일을 하세요.
- 농사 시간은 2시간입니다. 시간이 지나면 농작물이 사라집니다.

딸기밭에는 먼저 온 농부들이 옹기종기 모여 있었다.

"초보 농사꾼들인가 보네~."

"어서 와. 농사는 잠시 뒤에 시작될 거야~."

정확히 3시가 되자 G패스에 메시지가 떴다.

메시지를 확인한 깜토가 물뿌리개로 물을 주기 시작했다. 깜토가 지나간 곳마다 곧 하얀 딸기 꽃이 피었다.

"와~, 엄청 예쁘다!"

골드시티에서는 식물의 생장 속도가 매우 빨랐다. 실제로는 반년이나 걸릴 꽃 피우기 과정이 깜토가 고랑 하나에 물 주기를 끝내자마자 풍성하게 꽃을 피웠다.

비비 대장 역시 빠른 속도로 자라는 딸기 덕분에 농사의 재미에 푹 빠져들었다. 날개를 파닥거리며 이 고랑, 저 고랑을 날아다니다 보니, 어느덧 모든 딸기밭에 물 주기가 끝났다.

하지만 메시지에 따라 농사일을 하는 건 비비 대장과 깜토뿐이었다. 텐트에 누워 버린 캠핑족, 평상에 앉아 수다를 떠는 수다족, 오자마자 모자를 얼굴 위에 덮어쓰고 잠들어 버린 낮잠족까지, 누구 하나 일을 하지 않았다.

물 주기가 다 끝난 뒤에야, 비비 대장은 다른 농부들이 손가락 하나 까딱하지 않았다는 걸 알았다.

"너희는 왜 일을 안 하지?"

농부 하나가 아무것도 아니라는 듯 대답했다.

"우리도 곧 할 거야. 너네가 물을 너무 빨리 줘서, 우린 잠시 쉬고 있는 것뿐이지."

"그렇군."

비비 대장과 깜토는 대수롭지 않게 넘겼다. 하지만 다음 일정에 대한 알람이 왔을 때도, 농부들은 바닥에서 엉덩이를 떼지 않았다.

하지만 농부들은 이번에도 일을 할 마음이 없었다.

"아, 그냥 둬도 딸기는 열려. 좀 적게 열릴 뿐이지."

결국 잡초를 제거하는 것도 비비 대장과 깜토 몫이었다.

잡초 뽑는 일은 물 주는 일보다 열 배는 더 힘들었다. 비비 대장과 깜토는 슬금슬금 화가 치밀었다.

그 순간, 내내 영상만 보던 농부 하나가 두 몬들에게 다가왔다. 성큼성큼, 우락부락한 팔을 휘두르며 걸어오는 농부의 손에는 뿅망치가 들려 있었다. 농부가 가까워지자, 깜토가 얼른 비비 대장 뒤로 숨었다.

"흐익, 저 농부 무서워."

비비 대장이 깜토의 앞을 막아섰다.

근육질 농부가 뿅망치를 휘두른 상대는 어디선가 나타나 열매에 내려앉아 있던 작은 날벌레들이었다. 그 모습을 보고 지금껏 내내 게으름을 피우던 농부들도 하나둘씩 일어나 밭으로 향했다.

"이 녀석들, 또 설치네."

"나한테 벌레싹이 있지."

벌레싹을 뿌리거나 뿅망치로 내려친 자리의 날벌레들이 퐁퐁 소리를 내며 사라졌다.

겨우 일어선 농부들은 그제야 딸기를 수확하기 시작했다.

"오늘은 열매가 좀 적네."

"농사를 너무 초보들한테 맡겨 놨나?"

다행히 수확에는 농부들이 모두 참여한 덕분에, 시간 내에 농사를 마칠 수 있었다. 딸기밭을 나서는 일곱 명의 농부들이 똑같이 나누니, 각각 50알씩 받게 되었다.

오늘 온 일곱 명의 농부 중 열심히 일한 농부는 깜토와 비비 대장밖에 없었다.

"만약 모든 농부가 똑같이 열심히 일했다면, 지금보다 훨씬 더 많이 벌 수 있었을 텐데."

비비 대장의 말에 깜토가 맞장구를 쳤다.

"맞아. 그랬다면 수확량이 적어도 세 배는 됐을 테니까, 각각 30골드씩 벌었을 거야. 하지만 같이 참여하는 아바타들이 오늘처럼 한다면, 그란발과 지우리까지 이곳에서 일한다 하더라도, 수확량이 그렇게까지 늘어나진 못해."

깜토의 논리적인 계산에 비비가 생각을 바꾸었다.

"그렇네. 허니농장은 어떤지 한번 물어봐야겠어."

그란발은 딱 한 번 대답을 하고는 더 이상 대답하지 않았다.
비비 대장과 깜토가 서둘러 허니농장으로 달려갔다.

"그란발, 무슨 일이야?!"

"지우리! 응답하라!"

그란발이 땀을 뻘뻘 흘리며 소리쳤다.

"와서 딸기 수확 좀 도와줘. 수확할 수 있는 시간이 10분밖에 안 남았어!"

깜토와 비비 대장이 힘을 보탠 덕분에, 다행히 정해진 시간 안에 열린 딸기를 모두 수확할 수 있었다. 두 몬이 기른 딸기의 양은 모두 300알이었다.

아아, 너희가 써니농장에 와서 봤어야 해.

어떻게 농장에서 그냥 놀기만 할 수 있지? 이해가 안 가.

열심히 하나 안 하나 비슷하다면서, 아무것도 안 하고 놀기만 하더라니까.

만일 너네까지 일을 안 했으면 진짜 빈손으로 나오게 될 뻔했네?

그랬을지도 몰라. 하여간 진짜 이상해. 그럴 거면서 뭐 하러 농장에 왔을까?

너네처럼 열심히 일해 주는 애들이 있으니까. 누구든 일만 하면 수확량이 똑같으니, 남한테 맡겨 버리고 논 거겠지.

그럼 불공평하잖아! 우리만 일했는데 똑같이 나눠 가지고. 우리가 기른 걸 다 줘 버린 느낌이라고.

허니농장에서는 다들 엄청 열심히 일하던데 말이야. 그래서 허니농장의 작물이 더 많이 열리나 봐. 다들 열심히 일하니까.

근데 왜 모두 허니농장처럼 운영하지 않을까? 다들 골드는 많이 벌고 싶어 하잖아.

그러게. 써니농장은 열심히 일하는 사람만 힘들잖아.

하지만 다 같이 열심히 일한다면 효과적인 시스템이 될지도 몰라.

그런가? 모두가 똑같이 일한다면 그럴지도 모르겠네. 수확량을 공평하게 나누니까.

다른 농부들이 그렇게 안 했다는 게 문제….

이기자 리포트 1

시장 경제 vs 계획 경제

여러분은 써니농장과 허니농장의 차이를 알아챘나요? 써니농장에서는 어떤 사람들은 열심히 일하고 어떤 사람들은 대충 일하죠. 그래도 모두 똑같은 양의 딸기를 벌어 가요. 하지만 허니농장에서는 일하는 만큼 딸기를 수확할 수 있어요. 어디에서 일하는 게 더 좋을까요?

우리는 왜 남을 도울까요?

경제라는 눈으로 세상을 바라볼 때 가장 어색하고 낯선 지점은 우리의 상식과 다른 가정을 해야 한다는 거예요. 예를 들면, 착한 사람이나 나쁜 사람이 따로 없으며, 모든 사람은 자신의 이익을 극대화하는 쪽으로 행동한다는 건데요. 생각해 보면 참 이상해요. 세상에는 불우한 사람을 외면하는 사람도 있고, 뭐라도 내어 주려는 사람도 있으니까요.

그런데 왜 경제학의 시선에서는 착한 사람, 나쁜 사람이 따로 없다고 할까요? 불우한 사람을 맞닥뜨린 A와 B의 입장에서 다시 한번 생각해 보죠. A는 그냥 외면하면 계속 마음이 불편하고 집에 가서도 걱정되기 때문에 그 사람을 돕는 것이고요, 그냥 외면한 B 역시 그렇게 하는 게 본인에게 더 이롭고 마음이 편한 결정이기 때문에 그런 선택을 한 것입니다.

물론 도와주는 것이 외면하는 것보다 도덕적으로 더 선한 행동이죠. 그러나 그런 행동을 하는 사람은 선한 행동을 할 때 자신의 마음이 더 행복하기 때문에 선한 행동을 한 것이지, '선한 행동을 할 때 너무 힘들고 불편한데도 억지로 하는 사람은 없다'는 것이 경제학의 가정이랍니다.

모두가 똑같이 나누는 사회가 발전이 어려운 이유

요약하면 '사람은 누구나 계산적이고 이기적'입니다. 그 말은 모든 거래에서 항상 자기가 이익을 보려고 노력한다는 의미입니다. 예를 들어, 모든 식당 주인들은 다른 식당보다 더 맛있는 음식을 만들어 내기 위해 노력하는데, 대개 그건 돈을 더 많이 벌기 위해서입니다.

정말 그런지 알기 위해 한 마을에 10개의 식당이 있다고 가정합시다. 이때, 각 식당에서 음식을 판 돈을 모두 한 바구니에 합쳐서 10명의 식당 주인이 똑같이 나눠 갖기로 하면 어떻게 될까요? 처음에는 그래도 노력을 하는 식당 주인이 있겠지만, 시간이 흐르면 그런 경우는 점점 줄어들 것입니다. 내가 열심히 노력해도 내 수익이 그만큼 커지지 않으니 의욕도 줄어들기 때문이죠.

써니농장에서 비비와 깜토가 일하는 내내 놀던 농부들이 생각나지 않나요? 열심히 일하든 일하지 않든 똑같은 수익이 주어질 때, 이런 일이 발생하게 된답니다.

시장 경제 사회는 내가 최우선인 세상

아직도 좀 헷갈린다면 다른 예를 들어 볼까요. 100만 원짜리 특별한 프라이팬으로 요리를 하면 음식이 좀 더 맛있어진다고 가정해 보죠. 이번엔 식당에서 번 돈은 그 식당 주인이 모두 가져가게 하고요. 그럼 식당 주인들은 더 맛있는 요리를 만들기 위해 모두 그 프라이팬을 구매할까요?

꼭 그렇지는 않습니다. 그렇게 했을 때 더 벌 수 있는 돈이 50만 원이라면, 아무도 그 프라이팬을 구매하지 않을 것입니다. 100만 원짜리 프라이팬을 사서 50만 원밖에 더 벌지 못한다면 그 거래는 손해니까요. 식당 주인의 입장에서는 들인 비용 대비 수익이 그만큼 늘어나지 않는다면 그 투자를 할 필요가 없거든요.

하지만 100만 원짜리 프라이팬으로 만든 요리 덕분에 200만 원을 더 벌 수 있다면, 식당 주인의 생각도 달라지겠죠. 아마 모두가 프라이팬을 사려고 할 것입니다.

이것이 바로 시장 경제의 원리예요. 우리 몬들이 일한 허니농장의 시스템이 이러한 것이고요. 일하고 투자한 만큼 더 많은 돈을 벌 수 있을 때, 그 결정을 하게 된다는 것이랍니다.

이기심은 곧 시장 경제의 원동력

경제학의 시선은 그렇게 이기적인 행동을 하는 식당 주인들의 선택을 당연하다고 생각합니다. 모든 사람은 자신의 이익을 위해 일하니까요. 그래서 계획 경제보다 시장 경제의 성과가 더 좋은 것이기도 해요. 계획 경제는 뭘 얼마나 만들지를 정부가 모두 결정하는 것이고, 시장 경제는 각자 알아서 자유롭게 만들어서 자유롭게 팔도록 허용하는 것이죠.

계획 경제 시스템에서는 빵을 생산할 때도 정부가 단팥빵 몇 개, 크림빵 몇 개를 만들지 미리 결정해 주고, 빵 공장에서는 그 계획대로만 빵을 생산해요.

문제는 어제까지 주로 단팥빵만 사던 사람이 오늘은 크림빵을 사고 싶을 수도 있다는 거죠. 그런데 정부가 빵 개수를 미리 정해 두면, 사람들의 취향 변화를 따라가지 못해서 어떤 날은 크림빵이 남고, 어떤 날은 단팥빵이 남는 일이 벌어질 수 있어요. 그러면 손님은 손님대로 놓치고 빵은 빵대로 버려야 하는, 손해 보는 상황이 생기겠지요.

애초에 정부가 빵 개수를 잘 정하면 그런 일이 없지 않겠느냐고요? 물론 그것도 맞는 말이에요. 하지만 계획 경제에서는 소수의 공무원이 빵 시장을 매일매일 관찰해야 하는데, 현실적으로 바쁜 와중에 그러기 힘들다 보니 손님들의 취향 변화에 둔감해질 수밖에 없죠.

반대로 시장 경제에서는 빵 공장 주인들이 직접 소비자의 변화를 확인하고, 그에 맞추어 빵을 얼마나 생산할지 스스로 판단해서 결정해요. 빵 공장은 그 결정만 잘하면 그날 만든 빵을 모두 팔아서 큰돈을 벌 수도 있겠지요. 이때, 성과에 따라 얻는 이득을 우리는 '인센티브(성과급)'라고 불러요.

사람들은 더 많은 이익을 얻기 위해 일하는 이기적인 존재라고 앞에서 얘기했었죠? 일한 결과에 따라 더 많은 인센티브를 받을 수 있는 상황이라면 사람들은 자연스럽게 더 열심히 일하게 됩니다. 그러니 빵 공장 주인들도 더 많은 돈을 벌기 위해 사람들이 어떤 빵을 좋아하는지 더 민감하고 예민하게 관찰하게 되는 것이랍니다.

3장
갖고 싶은 게 너무 많아

다음 날 아침, 몬들이 일어난 곳은 호수 안쪽의 섬이었다. 안전하게 잠잘 수 있는 곳을 찾다 비비 대장이 발견한 몬섬과 비슷해 보이는 아늑한 장소였다.

전날 하루 종일 온몸을 사용하는 고된 노동을 한 뒤라 몬들은 밤새 단잠을 잤다. 게다가 이제 벌금을 모을 확실한 방법을 알게 되어 몸도 마음도 매우 가벼웠다. 몬들은 서둘러 허니농장으로 향했다.

앞으로 남은 9일 동안 920골드를 더 모아야 한다는 사실이 걱정되긴 했지만, 왠지 잘될 것 같았다. 이제 인간 세상과 골드 시티의 규칙을 조금 깨달았다고나 할까?

깜토가 초롱초롱한 눈으로 말했다.

"여기 온 뒤로는 늘 시간이 부족한 것 같아."

지우리가 끄덕였다.

"맞아. 정해진 기간 안에 벌금을 내야 해서 그런가? 몬섬에서는 꼭 해내야 하는 일은 없었잖아."

그란발이 물었다.

"10일 안에 1,000골드, 모을 수 있겠지?"

지우리가 수첩을 펴고 정리했다.

"열매를 수확하는 것까지 네 시간이 걸린다고 하면, 농사를 하루에 두 번도 지을 수 있어. 한 번 딸기 농사를 지을 때마다 80골드를 모은다면 하루에 160골드. 땅 사용료 같은 걸 제외하더라도 앞으로 7일 안에는 끝나겠는데?"

깜토가 나섰다.

"오, 맞아! 게다가 오늘은 처음부터 우리 넷이 모두 허니농장에서 농사를 지을 거니까, 한 번에 80골드가 아니라 100골드 이상 벌 수 있을 거야!"

그 말에 몬들의 얼굴이 확 밝아졌다.

비비 대장이 말했다.

"어서 시작하자. 깜토, 딸기밭 결제 부탁해."

깜토가 어제와 같이 소농장을 선택하려는 순간, 그란밭이 외쳤다.

"대농장으로 하자! 넓으니까 딸기도 더 많이 열릴 거야."

비비 대장도 동의했다.

"그래, 넷이니까 대농장을 빌리자."

처음 계획했던 것보다 땅이 더 넓어지자 몬들은 왠지 벌써부터 부자가 된 기분이었다.

대농장 사용료를 내려는데, 안내창이 떠올랐다.

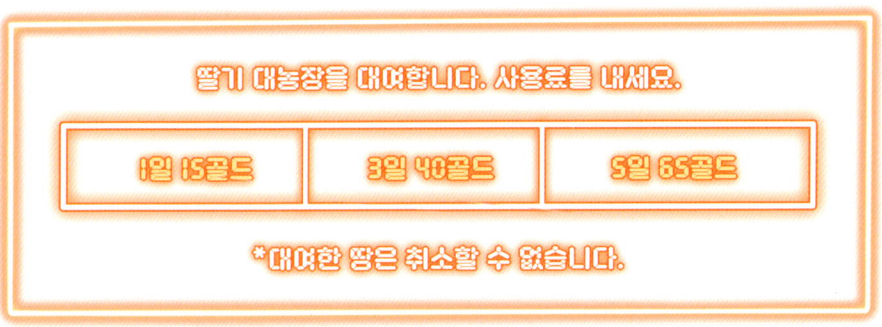

"1일 빌리면 15골드인데 3일 빌릴 땐 40골드야. 왜 다르지?"

"다르다고? 뭐가 달라?"

깜토와 비비 대장이 처음 보는 시스템을 궁금해하자, 어제 한번 해 본 지우리가 설명했다.

"아, 기간을 늘리면 1일 사용료가 낮아지더라고. 어제는 시험 삼아 1일로 했는데, 오늘은 3일짜리로 하자. 어차피 며칠은 계속 농사를 지어야 하니 그게 이득이지 않겠어?"

결국 몬들은 대농장을 3일 동안 빌리기로 했다. 넷이 함께 일한다 해도, 앞으로 남은 920골드를 모으는 데는 당연히 3일 이상이 걸릴 터였다.

**딸기 대농장이 3일 동안 활성화됩니다.
대농장에서 마음껏 농사를 지으세요.**

몬들의 농사가 시작되었다. 몬들은 메시지에 따라 부지런히 물을 뿌리고, 잡초를 뽑았다.

어제 이미 농사를 경험한 몬들은 척척 일을 해냈다. 일손이 늘긴 했지만 밭이 넓어져서, 정해진 시간 안에 농사를 지으려면 빠르게 움직여야 했다.

"휴우~."

딸기가 빨갛게 익는 동안, 몬들은 잠시 몸을 뉘었다.

잠시 후 딸기가 영글자 톡톡 따서 통에 모았다. 딸기를 통에 넣을 때마다 수확량이 표시되었다.

"699, 700, 701, 702……."

한 번 농사에 수확한 딸기는 모두 700알이 넘었다. 몬들은 힘을 모아 농사를 한 번 더 진행했다.

제나의 말처럼 농사는 몬들이 아주 잘할 수 있는 일이었다. 열심히만 하면 확실하게 골드를 벌 수 있었다. 오늘은 첫 번째 수확에 비해 두 번째 수확량이 적긴 했지만, 하루에만 1,200개의 딸기를 딸 수 있었다.

제나와 하루를 기다리는 동안, 몬들은 시장에서 파는 과일들을 한 상자씩 사서 나누어 먹었다. 각자 G패스에 들어온 1골드로 핫도그까지 하나씩.

모두의 입가에 행복한 미소가 돌았다.

"인간들도 이런 기분 때문에 골드를 모으는 걸까?"

"그럴지도. 어제랑은 기분이 하늘과 땅 차이야."

얼마 후 팜섬으로 들어온 제나와 하루는 몬들이 어제와 오늘 이틀 동안 생각보다 많은 골드를 벌었다는 얘기를 듣고 자기 일처럼 기뻐했다.

"잘됐다!"

"너네 생각보다 농사에 소질이 있구나!"

몬들은 이런 성공의 시작이 두 인간임을 잊지 않고 있었다. 망연자실한 채 있던 몬들에게 농사를 지어 내다 팔면 골드를 벌 수 있다는 걸 알려 준 게 두 사람이었다.

"제나, 골드를 빌려줘서 고마워."

깜토가 10골드를 제나에게 돌려주었다. 제나가 기분 좋게 10골드를 받았다.

"몬들, 통과! 꽤 신용이 있어."

"신용?"

"음……, 그런 게 있어. 그나저나 너희 비료는 샀어? 돈스타 싹싹 비료를 뿌려 주면 딸기가 더 많이 열려."

그 말을 들은 몬들이 반가워했다.

"그런 게 있다고?"

"얼른 사자."

몬들은 돈스타 대리점으로 향했다. 팜섬에 들어오자마자 가장 크게 반짝이는 간판이 있던 바로 그곳이었다.

싹싹 비료는 한 포대에 10골드였다. 10골드라면 딸기 50알을 팔아야 벌 수 있는 돈이었다. 꼼꼼한 지우리가 물었다.

"이 비료를 뿌리면 딸기가 얼마나 더 많이 열리나요?"

비료 가게 사장은 날카로운 질문에 익숙한 듯 답했다.

"보통 수확량이 50% 정도 증가하죠. 소농장에는 2포대, 대농장에는 4포대를 뿌리면 됩니다."

그란발이 신이 나서 말했다.

"우리 이거 사자! 딸기를 훨씬 더 많이 딸 수 있잖아."

그란발의 성급한 결정을 하루가 막아 세웠다.

"정확히 계산해 봐야지. 비료를 사는 비용과 비료를 사용해서 더 수확하는 양까지 꼼꼼히 따져야 해."

작은 벌레, 큰 벌레들 모두 사이 좋게 살아가는 몬섬에서 온 몬들에게는 과일을 먹는 벌레라는 이유로 약을 뿌려 죽인다는 건 이해가 되지 않았다. 몬들은 수확량을 늘려 준다는 비료만 구입해서 발길을 돌렸다.

바로 옆에서는 캠핑용품을 팔고 있었다. 이곳에는 별별 물건들이 가득했다. 편하게 앉을 수 있는 캠핑 의자, 멋진 램프, 폭신폭신한 침낭, 불을 피우는 화로, 귀여운 주전자, 캠핑 탁자, 윤이 흐르는 나무 도마, 과일 착즙기 등…….

인간 세상은 정말 필요한 게 많았다. 어떻게 보면, 필요한지 조차 몰랐던 것들이 갑자기 필요하다고 느껴지기도 했다. 새롭고, 예쁘고, 있으면 좋을 것 같은 물품들이 한가득인 공간에 둘러싸인 몬들은 지금껏 가져 보지 못한 감정을 느꼈다.

'갖고 싶다!'

그란발과 지우리, 깜토가 눈을 반짝이며 동시에 비비 대장을 돌아보았다. 그란발이 외쳤다.

"비비 대장, 우리 여기 있는 거 사자! 골드도 있는데."

비비 대장이 턱을 쓸며 말했다.

"그럴까?"

하루가 나섰다.

"몬들, 진정 좀 하지? 너네 그란발의 벌금부터 모아야 하는 거 아냐?"

제나가 몬들 편을 들었다.

"에이, 처음으로 골드를 두둑이 벌었는데 그냥 넘어가면 서운하지~. 꼭 필요한 걸 사려고 돈을 버는 거잖아."

제나의 논리적으로 느껴지는 설명에 몬들이 환호했다. 몬들이 어렵게 번 돈을 몬들이 쓰겠다고 하는데 막을 사람은 없었다. 단지 벌금을 내는 날이 늦어질 뿐.

"좋아, 그럼 오늘은 우리도 인간들처럼 쇼핑을 좀 해 보자! 텐트와 의자, 화로를 살게요."

가게 사장이 얼굴 한가득 미소를 지으며 말했다.

"텐트 100골드, 화로 65골드, 의자 40골드. 모두 205골드입니다."

하나씩 봤을 때는 모두 사도 될 것 같은 가격이었는데, 모아 놓으니 오늘 번 돈을 다 써 버려야 하는 금액이었다. 게다가 땅 사용료를 내고 제나에게 골드를 갚고 비료와 간식까지 산 터라, 남아 있는 골드도 충분하지 않았다.

 깜토의 머릿속에 어제부터 고생했던 기억들이 떠올랐다. 모두 빈둥거리고 노는 동안 비비 대장과 둘이서만 일하고, 오늘 두 번의 농사를 위해 잠시도 쉬지 못한 기억 등…….

 깜토가 잠시 숨을 고르고 말했다.

 "이렇게 골드를 쓰면 안 될 것 같아."

 다른 몬들의 생각도 마찬가지였다. 골드를 다 써 버리면 지난 3일간의 고생이 모두 헛되이 될 것 같았다. 특히 장미 축제에서 열심히 일하고도 단 1골드도 벌지 못했던 순간이 떠오르자, 그란발은 얼른 캠핑 의자에서 일어났다.

 "맞아!"

그제야 하루가 아까부터 몬들에게 해 주고 싶었던 조언을 건넸다.

"갖고 싶은 걸 다 사면 좋겠지만, 소비를 할 때는 합리적으로 생각해야 돼. 지금 내가 가진 돈으로 살 수 있는지, 그리고 그게 정말 필요한지 꼼꼼히 생각하고 결정해야 후회하지 않아."

비비 대장과 지우리가 번갈아 말했다.

"좋은 말이다, 하루. 합리적으로."

"그래, 합리적으로. 어떻게 합리적으로 고르지?"

깜토가 말했다.

"정말 필요한 게 뭔지 선택하라고 했지? 그란발, 너는 왜 저 캠핑 의자가 갖고 싶어?"

그란발이 말했다.

"저 의자 정말 편하거든. 여유 시간에 편히 쉬면, 일할 때 더 열심히 할 수 있을 것 같아."

이어서 지우리가 자신의 합리적 이유를 설명했다.

"인간 세상의 약초도 연구해서 쿨쿨병 약을 찾아야 하잖아. 화로가 있으면 훨씬 다양한 실험을 할 수 있거든."

마지막으로 깜토도 텐트를 구입할 합리적 이유가 있었다.

"내 생각엔, 저 텐트가 있으면 우리가 어디서든 쉴 수 있어서 편할 것 같아. 당장 오늘 밤에 비가 온대도 안전하잖아."

몬들이 물건을 꼭 사야 하는 이유를 말하다 보니, 자연스럽게 정리가 되었다. 비비가 원정대의 표정을 읽고 말했다.

"내 생각엔, 텐트가 가장 필요할 것 같은데? 캠핑 의자는 1인용이라 한 명씩밖에 이용할 수 없고, 굳이 화로가 없어도 불을 피울 수 있잖아. 함께 사용할 수 있는 텐트를 사는 게 어때?"

비비 대장의 정리에 몬들은 모두 환영했다.

"좋아! 역시 대장이야."

"생각해 보니, 지금 당장 필요한 건 아니었어."

결국 몬들은 100골드를 주고 텐트를 사기로 했다. 텐트를 구입하자 특별 사은품으로 냄비와 버너 세트가 따라왔다.

지우리가 반색하며 얼른 사은품을 받았다.

"오, 난 이것만 있으면 돼! 텐트 사기 잘했어~."

쇼핑을 마친 몬들은 인간 친구들과 함께 호숫가로 향했다. 저녁이 되어 어둑어둑해진 호숫가에는 반짝 반짝 반짝, 나무 사이로 작고 노란 빛들이 반짝거렸다. 그란발의 눈이 휘둥그레졌다.

신비로운 밤 풍경이 호숫가 가득 펼쳐졌다.

비비 대장이 기분 좋은 미소를 지었다.

"골드시티에 와서 처음 평화로움을 느끼는군."

깜토의 눈빛이 아련해졌다.

"쿨쿨병을 고칠 약이 이곳 어딘가 꼭 있으면 좋겠어."

제나가 하루에게 속삭였다.

"몬족은 콘셉트가 확실해, 진짜. 본인들의 설정에 완전 진지하고. 보고 있으면 빠져든다니까."

이기자 리포트 2

희소성과 합리적 선택

드디어 몬들이 쇼핑의 재미를 알게 됐군요!
캠핑용품 가게에 가지고 싶은 게 한가득.
하지만 갖고 싶다고 전부 다 살 수는 없죠.
가지고 있는 돈은 한정되어 있으니까요.
이럴 땐 어떤 기준으로 물건을 선택해야 할까요?

욕망은 무한, 자원은 유한

우리는 갖고 싶은 것도 많고 먹고 싶은 것도 많고 하고 싶은 것도 많습니다. 그런데 그걸 다 할 수는 없으니 늘 조금씩 불만스럽죠. 왜 우리는 원하는 걸 다 할 수 없을까요? 이 질문에 대해 제일 먼저 나오는 답은 "돈이 부족하니까요."입니다. 맞는 말이에요. 돈이 많으면 갖고 싶고, 먹고 싶고, 하고 싶은 걸 다 즐길 수 있을 텐데 말이죠.

'하고 싶은 건 많은데 돈이 부족하다'는 건 사실 대부분의 우리 모두가 느끼는 생각이에요. 비단 돈뿐만이 아니죠. 우리에게 주어진 시간도 한정되어 있기 때문에, 우리는 늘 뭔가를 반드시 선택해야 돼요. 친구들과 공놀이를 하면서 동시에 강아지를 산책시키고 자전거까지 탈 수는 없잖아요. '하고 싶은 건 많은데 시간이 부족한' 상황인 거죠.

현재 있는 것보다 더 많은 것을 원해요

하고 싶은 건 많지만 그걸 할 수 있는 자원(돈 또는 시간)이 한정되어 있어서 반드시 선택을 해야 한다는 안타까운 사실은, 마치 중력처럼 지구에 사는 우리 모두가 항상 느끼는 것이랍니다. 우리는 이걸 '희소성의 원칙' 또는 '희소성의 법칙'이라고 불러요. 우리의 욕구에 비해 그 욕구를 해결할 수 있는 자원이 부족한 상황을 '희소성'이라고 표현하거든요.

바로 이 희소성이 모든 경제 문제의 출발이고 모든 경제 활동의 시작이에요.

우리가 경제 활동을 하는 이유는 경제 문제를 해결하기 위해서예요. 예를 들어, 빵도 먹고 싶고 농구공도 사고 싶은데, 그 둘을 동시에 할 수는 없어서 하나를 선택해야 하는 상황을 우리는 '경제 문제'라고 불러요. 그 두 가지를 못 한다고 해서 사람이 병이 들거나 죽지는 않으니 생명의 문제는 아니고, 그 상황이 남에게 피해를 주는 것도 아니니 윤리나 도덕의 문제도 아니지만, 문제는 문제고 누군가에겐 아주 심각한 문제이기도 하거든요.

이런 경제 문제 때문에 우리는 늘 선택을 해야 하는데 그 상황이 가끔은 괴롭고 힘들기도 해요. 그걸 극복하기 위해 경제 활동을 하는 거죠.

선택은 경제학의 기초

세상 사람들은 누구나 경제 활동을 하죠. 택시 운전사는 운전을 하고 선생님은 학생들을 가르치고 기자는 취재를 해서 기사를 써요. 이런 경제 활동들을 하는 이유는 경제 문제를 해결하기 위해서이고, 그 경제 문제란 희소성 때문에 생긴다고 얘기했죠? 그러니까 희소성의 법칙은 사람들이 아침에 눈을 뜨고 밤에 잠들기 전까지의 시간 대부분을 투입하는 경제 활동을 하도록 만드는 원동력이자 출발점인 거예요. '우리가 왜 돈을 벌기 위해 노력하는가?'에 대한 답이기도 하고요. 물론 돈을 벌지 않고 그냥 놀고 쉬는 것을 선택할 수도 있지만요.

예를 들어, 여유 시간이 생겼다고 해 봅시다. 우리는 그 시간을 텔레비전을 보거나 뒹굴며 보낼 수도 있고, 그 시간을 이용해 돈을 벌어서 필요했던 자전거를 살 수도 있어요.

시간은 한정되어 있기 때문에, 일을 해서 돈을 벌어야 할 시간에 일을 하지 않으면 우리는 자전거를 사지 못할 거예요. 그러니 자전거를 사기 위해서는 노는 시간을 희생하는 대가로 치러야 하죠. 노는 것을 선택하면 자전거를 사는 기회를 잃고, 자전거를 선택하면 노는 즐거움을 누릴 기회를 잃는데, 그럴 때 우리가 포기한 것을 '기회비용'이라고 불러요.

우리는 매순간 선택을 할 때마다 그 선택에 대한 기회비용을 저울질해요. 그리고 둘 중 더 큰 비용을 치러야 하는 선택을 버리고, 기회비용이 적은 선택을 하죠.

다시 우리 몬들의 예를 들어 볼까요? 평소에는 1골드를 주고 핫도그를 사 먹는 게 그만한 가치가 있는 일로 느껴졌겠지만, 당장 그란발이 사라질 위기에서 몬들에게는 핫도그를 사 먹는 비용이 1골드보다도 훨씬 더 비싸게 느껴졌을 거예요.

합리적인 선택을 하는 방법

우리는 살아가면서 수많은 선택을 합니다. 그리고 그때마다 가장 합리적인 선택을 하고 싶어서 오랫동안 고민하기도 해요. 합리적인 선택을 하기 위해서는 어떻게 하면 될까요? 가장 먼저 떠올려야 하는 것이 바로 기회비용이에요. 가능하면 기회비용이 가장 적은 선택을 해야하죠.

2만 원을 주고 피자를 사 먹을지, 아니면 돈을 더 모아 게임기를 살지 고민되나요? 그럴 땐 두 선택의 기회비용을 생각해 보세요. 피자를 사 먹는 선택의 기회비용은 게임기를 못 갖는 것이고, 게임기를 선택하는 기회비용은 피자를 못 먹는 것이겠죠.

뭐든 둘 중 기회비용이 더 적은 쪽을 선택하면 됩니다.

물론 그 기준은 사람마다 다르죠. 그래서 피자 가게에 가는 사람도 있고, 게임기 가게로 가는 사람도 있는 게 아니겠어요?

만약 시간이 딱 30분밖에 없다면요? 이 경우에도 물론 방법이 있죠. 다른 사람에게 게임기를 대신 사다 달라고 부탁하고 피자를 먹으러 가는 거예요. 물론 이렇게 하면 심부름값이 추가로 발생하겠지요. 하지만 그렇게 해서 둘 다 누리는 기쁨이 모든 비용보다 더 크다고 판단된다면, 우리는 그런 선택도 할 수 있습니다.

이기자의 요점 정리!
- 우리의 경제 활동은 합리적인 선택의 연속
- 합리적인 선택이란 기회비용이 가장 적은 선택을 하는 것
- 기회비용이란 나의 선택으로 인해 포기한 기회 가운데 가장 큰 가치를 가지는 것

캠핑은 즐거워!

★ 정답은 152쪽에서 확인하세요. ★

몬들이 골드시티의 캠핑장에 놀러 갔어. 그런데 양쪽 그림이 조금 다르네? 다른 그림은 장소마다 각각 5곳이야. 어때, 찾을 수 있겠어?

4장
딸기 농사의 불청객

다음 날 아침에는 지우리가 가장 먼저 일어났다. 골드시티에서 살아갈 방법을 조금 터득하자 마음의 여유가 생겼는지, 평소의 습관처럼 산책을 시작했다. 사방에 반짝이는 풀 냄새를 맡으니 오늘 아침은 더 행복한 기분이 들었다.

"좋다……. 인간 세상이 조금 재미있어졌어."

그러고는 늘 하던 대로 눈에 보이는 풀들을 조금씩 잘라 냄새를 맡고 맛을 보았다. 뿌리를 잘라 먹기도 하고, 줄기의 즙을 손등에 발라 보기도 했다.

꽃가루가 얼굴에 와 닿는 순간, 지우리는 세게 재채기를 했다. 그 바람에 꽃가루가 사방으로 퍼지며, 다른 풀잎에 앉아 있던 반디골드한테까지 날아갔다.

"미안. 너도 재채기하는 거 아니지?"

다행히 반디골드는 재채기를 하지 않았다. 하지만 지우리는 분명히 보았다. 꽃가루를 뒤집어쓴 반디골드의 눈이 빨갛게 바뀌는 것을. 지우리는 눈을 반짝이며 주머니에서 딸기를 꺼내 내밀었다. 반디레드가 된 녀석이 날아와 딸기를 사각사각 갉아 먹었다.

지우리는 초록 꽃이 달린 풀을 조심조심 뜯어 배낭에 모았다. 이 풀은 더 실험해 볼 필요가 있었다.

"특이한 풀이네."

그러는 사이 몬들이 깨어났다.

"하암, 잘 잤다."

"어제 비료도 장만했으니, 오늘은 딸기를 더 많이 수확할 수 있겠지? 기대된다."

몬들이 농사를 시작하자 반디레드가 날아왔다.

그란발은 친구라도 만난 듯 반갑게 인사를 건넸다.

"안녕, 반디레드야."

반디레드는 그란발의 머리에 앉고, 깜토의 손에 앉았다. 몬들에게는 반디골드나 반디레드나 그저 귀여운 곤충이었다.

"바람이 너무 센데?"

몬들이 두 번째 농사를 짓고 있을 때 팜섬의 바람이 거칠어졌다. 휘익, 휙! 모자가 날릴 만큼 강한 바람이었다. 지우리는 바람을 올려다보며 생각했다.

"바람이 이렇게 불면 꽃가루가 날릴 텐데. 그러면 반디골드가……."

지우리의 걱정대로였다.

얼마 뒤 G패스에 경고 문구가 나타났다.

-경고-
반디레드 때 발생.
앞으로 일주일 동안
과일나무 피해가 예상됩니다.

반디레드가 하나둘 딸기 농장으로 날아올 때만 해도 몬들은 심각하게 생각하지 않았다. 오늘은 비료 덕분에 딸기가 어제보다 훨씬 더 많이 열려 있었다. 시간 내에 다 수확할 수 있을지 걱정될 만큼. 그러니 조그만 반디레드가 조금 먹는다고 해서, 크게 문제가 되지는 않으리라 생각했다.

하지만 그 생각은 거센 바람이 몰아치며 바뀌고 말았다.

몬들이 빗자루를 휘휘 내두르고 손으로 탁탁 털며 반디레드를 날려 보냈다. 비비 대장이 바람을 일으켜 농장 밖으로 날리기도 했다. 그래 봤자 반디레드들은 잠시 날아올랐다 다시 내려앉을 뿐이었다.

설상가상으로 이웃 농장에서 벌레싹을 마구 뿌려 대자, 이를 피하려는 반디레드들까지 모두 몬들의 농장으로 몰려든 탓에 피해는 점점 커져 갔다.

몬들이 반디레드를 쫓아내려고 고군분투하는 사이, 딸기 수확 시간이 끝나고 말았다. 결국 두 번째 농사에서 몬들은 비료만 날리고 딸기를 단 한 알도 수확하지 못했다.

"첫 번째 농사로 수확한 딸기가 있어서 다행이야."

"하지만 내일부터는 어쩌지?"

"반디레드들이 매일 찾아오면, 기간 내에 벌금을 모으지 못할 거야."

그란발은 안절부절못했고, 비비 대장은 머리를 싸맸다.

"농사 대신 다른 일을 찾아야 하나."

깜토가 말했다.

"다른 일이라고 골드를 벌 수 있을지 장담할 수 없어. 우리가 유일하게 성공한 게 딸기 농사였는걸. 게다가 우린 딸기밭 사용료를 내일 것까지 냈잖아."

그란발이 걱정스레 덧붙였다.

"농사를 포기하면 사용료도 포기해야 하는 거지? 그것도 아깝네."

지우리가 한숨을 쉬었다.

"방법이 하나 있어."

몬들이 눈을 반짝이며 물었다.

"무슨 방법?"

"너희도 이미 알고 있는 방법이야. 벌레싹을 사서 뿌리는 거. 그걸 사용한 밭에선 그래도 수확을 했잖아."

그란발의 눈이 그렁그렁해졌다.

반디골드가 반디레드로 변하는 장면을 목격한 지우리는 뭔가 해결책이 있을 것만 같았다. 지우리는 곧장 실험 모드에 돌입했다. 비비 대장이 지금 이럴 시간이 없다고 말렸지만, 실험을 시작한 지우리는 막무가내였다.

"반디레드 문제만 해결할 수 있다면 하루쯤은 약 개발에 집중해도 괜찮을 것 같은데?"

몬들은 일단 지우리의 약을 기다리기로 했다.

"어쩌는 게 좋을지 하루와 제나에게도 물어볼까?"

깜토의 제안에 그란발이 맞장구쳤다.

"좋은 생각이야!"

하지만 늦은 밤, 하루와 제나는 연락이 되지 않았다. 그란발은 제나에게 메시지를 남기는 것으로 만족해야 했다.

"지우리가 이번엔 얼마나 갈까?"

"지난번에는 열흘도 넘게 저러고 있었어."

"너희도 알지? 지우리는 밭에서 꼼짝도 안 할 거야. 그냥 여기에 텐트 치고 자자."

기다리던 몬들은 하나둘 잠에 빠져들었다. 지우리의 실험은 밤이 깊도록 계속되었다.

다음 날 아침이 밝았다. 제나와 하루에게서는 아직 답이 오지 않았다.

"오늘도 반디레드가 어제처럼 많으면 우리가 하루 종일 딸기를 키워 봤자 50골드도 못 벌지도 몰라."

깜토의 말에 비비 대장이 끄덕였다.

"그래도 50골드면 땅 사용료를 내고도 남는 셈이니, 아무것도 하지 않는 것보다는 나은 선택이다."

그란발과 깜토가 서로를 마주 보았다.

"그럼 농사를 지을까? 반디레드가 오지 않을 수도 있잖아."

"그래, 한번 해 보자!"

그란발과 깜토의 말에 비비 대장도 자리를 털고 일어났다.

"좋아. 오늘도 실패하면, 내일부터 다른 일을 찾아 보자."

그 순간, 지우리가 몬들에게 달려왔다.

그란발이 반갑게 돌아보았다.

"지우리, 실험이 끝났어?"

"아니. 이제 시작이야. 그란발, 비비, 딸기 농사를 지어 줘. 깜토, 너는 시장에 가서 쑥 한 줌이랑 바질 가루 한 통, 분무기 열 통을 사다 줘. 캠핑용품 가게에 있을 거야."

갑작스런 지우리의 말에 그란발과 깜토가 당황했다.

"뭐?"

두 몬이 어리둥절한 눈으로 지우리를 보았다.

"아차, 설명을 빼먹었네. 지금 개발하는 약을 시험해 보는 데 필요한 재료들이야. 반디레드로 직접 실험을 해 봐야 효과를 알 수 있잖아."

몬들의 얼굴이 환해졌다. 이렇게 말하는 걸 보니, 지우리가 해결 방법을 찾은 게 분명했다. 반디레드 걱정이 사라지면, 딸기 농사로 충분히 벌금을 낼 수 있었다.

"좋아, 농사는 우리에게 맡겨 둬!"

깜토는 어느새 시장으로 달려가고 있었다.

"재료는 내가 사 올게."

그날의 첫 번째 농사가 끝날 때쯤, 지우리가 심혈을 기울여 만든 첫 번째 약도 완성되었다.

다시, 다시, 다시. 딸기밭에는 상큼한 딸기향 대신 계속된 지우리의 실험이 만들어 낸 시큼한 냄새가 가득했다.

5장
번쩍이는 아이디어

팜섬으로 들어온 제나와 하루는 깜짝 놀랐다. 돈스타 대리점 앞이 북새통이었다. 하나에 12골드나 하는 벌레싹이 불티나게 팔리고 있었다.

시장을 빠져나오자, 하나둘 눈에 띄던 반디레드가 점점 많아지기 시작했다. 돈스타 대리점에 사람들이 모여든 이유가 있었다.

"팜섬이 반디레드로 엉망이라더니, 이번이 역대급 같아."

"어휴, 진짜 심하다. 몬들의 딸기밭도 난리겠네."

제나가 서둘러 몬들을 찾았다. 반디레드에 약을 뿌리며 어렵게 과일을 수확하는 농부들 사이로 진땀을 흘리는 몬들의 모습이 보였다.

"우리 왔어. 딸기 따는 거 도울게."

두 사람이 다가오자, 비비 대장이 보라색 분무기를 건넸다.

"고맙다. 이걸 써라. 반디레드를 보면 뿌려라."

"이게 뭐야?"

"반디 약."

"벌레싹이랑 다르게 생겼네. 새로 나온 약인가?"

제나가 반디레드에 분무기를 뿌렸다. 칙칙. 반디레드가 벌레싹처럼 퐁퐁 사라지길 기대했지만 아무 일도 일어나지 않았다. 그저 후드득 하늘로 날아갈 뿐이었다.

"반디 도망치게 하는 약인가?"

"어, 이게 무슨 원리지?"

하루는 아주 잠깐 사이, 반디레드가 달라지는 걸 보았다.

"영상으로 확인해 봐야겠다. 제나야, 다시 한번 뿌려 봐."

비비 대장이 준 약을 뿌리자 반디레드는 반디골드로 바뀌었다. 제나도 그 사실을 깨닫고 몸을 부르르 떨었다.

"소름. 이 약 뭐야? 왜 이런 약이 있는 줄 몰랐지?"

대답은 안쪽의 텐트에서 흘러나왔다.

"내가 만들었으니까."

부스스한 몰골의 지우리가 하품을 하며 텐트에서 나왔다.

"지우리, 무슨 일 있었어? 꼴이 왜 이래?"

"하암. 밤을 새워 반디 약을 만들었거든. 좀 잤더니 괜찮아."

하루가 눈을 크게 떴다.

"저 분무기에 든 약을 네가 만들었다고?"

"응, 반디골드가 반디레드로 변하는 건 일종의 알레르기 현상이거든. 약을 뿌리면 알레르기가 치료되어 원래대로 돌아오는 거지."

"저 약을 사용하면 반디골드를 치료하고 딸기도 지킬 수 있다는 거구나? 우아, 이런 게 가능하다니!"

하루는 지우리를 신기한 듯 위아래로 쳐다보았다.

"하룻밤에 이런 약을 만들다니, 너 정체가 뭐야?"

지우리가 턱을 살짝 치켜들었다.

"몬섬에서 온 몬족이자 넝쿨족이다. 몬섬에서 두 번째로 뛰어난 약초사이기도 하고."

비비 대장이 팔짱을 꼈다.

"농사는 어떡하고? 우린 이 땅을 오늘까지 빌렸다."

새로운 방법과 이미 시작한 일 사이에서 몬들은 쉽게 결정을 내리지 못했다. 제나가 답답하다는 듯 말했다.

"뭐가 더 나은지 잘 생각해 봐. 너네 반디레드 없을 때도 농사 한 번으로 번 게 100골드 정도라고 했지? 돈스타는 저 약을 8개만 팔아도 그만큼을 번다고."

제나는 이렇게 좋은 사업 아이디어를 그냥 지나칠 수 없었다. 게다가 이 약은 반디레드가 잔뜩 출몰한 지금 딱 만들어서 팔아야 했다.

"8개나 만들어야 한다고? 난 2시간 동안 겨우 1개 만들었는데? 8개를 만들려면 적어도 16시간은 걸릴 거야."

제나가 G패스에서 라벨 프린터를 꺼내 '반디M-반디 치료제'라고 적힌 라벨을 출력했다.

"이걸 분무기 병에 붙이면 훨씬 그럴싸해 보일 거야."

지우리도 만족스러웠다.

"이렇게 하니까 정말 더 멋져 보인다. 고마워, 제나."

"상품으로 팔 때는 포장도 중요하거든."

이제 반디M을 만들기만 하면 되었다. 약에 들어가는 여덟 가지의 재료를 구하기 위해 몬들이 뿔뿔이 흩어졌다.

"재료 준비는 다 같이 하고, 지우리가 약을 만드는 동안 우린 농사를 짓자."

시장에서 구해 와야 하는 물건은 깜토가 사기로 했다. 그란발과 비비 대장은 호수의 진흙과 호숫물을 떠 오기로 했다. 지우리 역시 호숫가로 향했다.

"노란 꽃 뿌리는 내가 채집하는 게 좋겠어."

제나는 호숫가로 향하는 몬들을 따라갔다.

"나도 도울게."

제나와 몬들이 재료를 준비하러 간 사이, 하루는 아까 찍은 영상을 편집하기로 했다.

시장으로 간 깜토는 오전에 수확한 딸기를 팔고 곧장 캠핑용품 가게에서 커다란 들통부터 골랐다. 제법 크고 깊어서 재료만 충분하다면 약은 원하는 대로 만들 수 있을 것 같았다.

"이걸로 끓이면 한 번에 만들 수 있는 양이 늘어나겠어. 분무기 열 통은 나올 것 같아. 그러지 말고 몇 개 더 살까?"

잠시 고민하던 깜토는 들통을 네 개나 골랐다. 반디M을 만들어 파는 가격에 비하면, 들통의 가격은 아주 저렴한 편이었다. 그 밖에 반디M에 들어갈 각설탕과 쑥잎, 후추뿐만 아니라 분무기 병도 넉넉히 구입했다.

농장으로 돌아온 깜토가 들통을 네 개나 내놓자 다른 몬들과 제나가 어리둥절해했다.

"깜토, 똑같은 들통이 왜 네 개야?"

반디M을 만드는 과정은 생각보다 복잡했다. 약초사인 지우리는 매일 하던 일이라 몬들이 무엇을 이해하고 무엇을 이해 못 하는지도 알 수가 없었다. 보다 못한 하루가 나섰다.

"너희가 모두 일을 잘할 수 있는 방법이 있어."

몬들의 눈이 휘둥그레졌다.

"어떻게?!"

하루의 설명을 들은 그란발이 감탄했다.

"우아! 그럼 복잡한 과정을 다 할 필요 없이, 우린 하나씩만 하면 되는 거네?"

제나가 설명을 보탰다.

"분업이라는 거야. 모든 과정을 다 아는 지우리가 재료를 준비하고 각 과정을 감독하면 되니까, 실패할 확률도 적지."

비비 대장은 감탄이 절로 나왔다.

"인간들의 방식은 창의적이다. 한번 해 보자."

반디M 만들기에 집중한 몬들은 하루와 제나가 로그아웃하는 것도 모르고 일에 집중했다.

깊어진 밤, 반디M 40통이 완성되었다.

역시 지우리야. 반디레드 치료제 만들 생각을 하다니! 믿고 있었어!

그야 지우리는 몬섬 최고의 약초사잖아! 당연하지.

나도 기대 중이야. 이번 약은 꽤 잘 만든 것 같거든.

오오, 지우리 지금 자신감 가득이잖아? 지우리가 만든 약이 성공하면 우린 부자가 되는 거야?

우아~! 그렇게 되면 그란발의 벌금도 내고, 핫도그랑 코코아도 잔뜩 먹을 수 있어!

히야~, 상상만 해도 정말 신나잖아?

얘들아, 벌써부터 들뜨면 안돼. 아직 반디M이 잘 팔릴지 어떨지도 모르잖아. 그나저나 지우리, 정말 초록 꽃 때문이었다면 초록 꽃은 대체 어디에서 생겨난 걸까?

그러게 말이야. 초록 꽃들을 전부 베어 버릴 수도 없을 텐데.

게다가 반디레드 때문에 초록 꽃을 모두 없앤다면, 꽃들이 불쌍하잖아.

초록 꽃의 출처는 나도 모르겠어. 하지만 초록 꽃에서 나오는 꽃가루 때문에 반디골드가 해충으로 변하는 건 확실해.

흐음, 너무 복잡해. 내일 하루와 제나에게 말해 볼까?

그러자. 일단 그 애들이 우리보다 골드시티를 잘 알고 있으니까 해답을 얻을지도 몰라.

좋아 좋아. 하암~. 그나저나 잠을 못 잤더니 피곤하네.

어젯밤엔 누구보다 잘 자던데, 무슨 소리야~.

아니, 그런 게 아니라….

이기자 리포트 ❸
분업과 대량 생산

약초꾼 지우리의 약 만들기 실력을 몬들이 단번에 따라잡을 수는 없죠. 하지만 그중 한두 과정만 배워서 하는 건 그다지 어렵지 않을 거예요. 이렇게 전체 일의 부분을 떼어 일을 나누는 방법을 '분업'이라고 합니다. 사회 곳곳에 분업 시스템이 있어요.

우리 사회는 분업을 통해 발전해 왔어요

시간 여행을 하다 사람을 만나면, 그의 복장이나 가지고 있는 물건으로 어느 시대인지 대략 맞힐 수 있을 겁니다. 호모 사피엔스들은 지구에 처음 등장한 순간부터 지금까지 약 20만 년 동안 꾸준히 변화하고 발전해 왔거든요. 같은 시기에 지구에 살았던 다른 동물들과는 매우 다른 속도로 우리와 우리 주변의 환경을 바꾸어 왔죠.

무엇이 우리 인간을 이렇게 만들었을까요?

이런 질문을 던지면 인간은 뇌가 커서 지능이 뛰어나기 때문이라거나 도구를 사용할 수 있기 때문이라고 답하는 사람들도 있지만, 뇌의 크기로만 보면 고래의 뇌가 인간의 뇌보다 크고 침팬지 같은 유인원들도 도구를 사용하죠.

인간이 눈부신 발전을 해 올 수 있었던 이유는 일하는 방식의 차이 때문이에요. 그 핵심은 바로 '분업'이랍니다. '협동'이나 '공유' 같은 가치를 더할 수도 있을 테고요.

분업은 생산성을 높이는 합리적인 방식이죠

서로 다른 일을 각자 나눠서 하는 걸 분업이라고 하는데, 그렇게 하는 이유는 그게 더 효율적이기 때문이에요. 예를 들어, 10명이 모여서 핀을 만든다고 해 봅시다. 각자가 핀 만드는 모든 과정을 처음부터 끝까지 해내는 방법도 있겠죠. 철사를 자르고 그걸 펴서 뾰족하게 갈고 거기에 핀의 머리를 만들어 붙이고요.

그런데 10명이 서로 일을 나누어서 각자 맡은 일만 했을 때 핀의 생산량은 훨씬 더 많아집니다. 일하는 사람의 수는 같더라도, 일을 나눠 맡는 것만으로도 생산량이 늘어나는 거죠.

각자 맡은 일만 반복해서 하는 분업 방식이 더 효율적인 이유는 뭘까요? 철사를 뾰족하게 가는 일만 하는 사람은 그 일을 전문적으로 하다 보니 요령이 생기고 조금씩 더 잘할 수 있게 되죠. 또 철사를 자르거나 길게 펴거나 핀의 머리를 만들기 위해 다른 연장을 쓰지 않아도 되기 때문에, 한 가지 일에 몰두할 수 있게 되고요.

그리고 철사를 뾰족하게 가는 일만 계속하는 사람은 이 일을 더 효율적으로 하기 위한 장치를 고안할 수도 있어요. 하루에 수만 개의 철사를 뾰족하게 만들어야 하는데, 이걸 도와주는 장치가 있으면 자신의 일이 정말 획기적으로 쉬워지거든요. 그러나 핀을 처음부터 끝까지 완성해야 하는 사람은 굳이 철사를 뾰족하게 가는 기계를 만들려고 하지 않을 거예요. 그걸 만들어도 하루에 100번이나 쓸까 말까니까요.

우리는 모두 분업을 하고 있어요

핀 만드는 일을 예로 들기는 했지만, 오늘날의 우리는 모두 분업을 하고 있어요. 예전에는 농사를 짓는 사람이 자기 옷도 만들고 스스로 집을 짓거나 수리하기도 했지만, 요즘은 농사를 짓는 사람, 옷을 만드는 사람, 집을 짓는 사람, 수리하는 사람이 모두 따로 있죠. 이것 역시 분업을 하는 것이 훨씬 효율적이라는 데서 그 이유를 찾을 수 있습니다.

전문적으로 옷을 만드는 사람의 바느질 솜씨가 며칠에 한 번 바느질하는 사람의 솜씨보다 훨씬 뛰어날 테고, 대대로 농사를 지은 사람이 짬을 내어 농사를 짓는 사람보다 훨씬 농사에 소질이 있지 않겠어요? 그러니 각자 잘하는 일을 해서 번 돈으로 필요한 물건을 사는 게, 혼자서 이것도 하고 저것도 하는 것보다 훨씬 효율이 높은 거지요.

오늘날은 이런 모든 과정을 세분화해서, 점점 더 분업 사회로 가고 있답니다. 여러분이 신고 있는 운동화만 봐도 그럴걸요? 브랜드를 보유한 회사, 소재를 공급하는 회사, 디자인하는 회사, 제작하는 회사, 유통과 판매를 하는 회사가 모두 다른 경우가 많거든요.

인구가 많을수록 분업의 효과가 커집니다

세계에는 분업이 잘 이루어지는 나라도 있고 그렇지 않은 나라도 있어요. 전체 인구가 10명뿐인 나라가 있다고 해 볼까요? 요리도 하고, 농사도 짓고, 자동차도 만들고, 옷도 만들고……. 한 나라를 유지하기 위해 해야 할 일은 산더미인데 사람은 적죠. 이런 경우엔 분업을 하기 힘들어요. 아무리 옷을 열심히 만들어 봐야 구입할 사람이 9명밖에 되지 않으니, 옷만 만들어서는 먹고살 수가 없을 테니까요.

반대로 전체 인구가 10억 명인 나라에서는 종일 양파만 까는 사람도, 종일 노래만 하는 사람도 있을 수 있어요.

양파나 노래에 기꺼이 값을 지불할 사람이 9억 명 넘게 있는 셈이니까요!
결과적으로, 인구가 많아야 분업이 더 잘 이루어집니다. 인구가 많으면 할 수 있는 일도 더 많아지니, 자연스레 일도 더 다양하고 전문적으로 나뉘지요.

오늘날은 전 세계가 분업 중

그럼 인구가 적은 나라는 절대로 분업을 못 할까요?
아니요! 나라와 나라가 분업을 한다면 가능합니다.
누구는 철사를 자르고 누구는 핀 머리를 붙이는 일만 하던 것처럼, 나라마다 그 나라가 가장 잘하는 일을 하면 돼요. 사우디아라비아는 풍부하게 매장된 석유를 채굴해 수출하고, 우리나라는 뛰어난 반도체 기술로 휴대폰을 만들어 수출하죠. 태국이나 이탈리아처럼 관광객이 많이 몰리는 나라들은 관광 자원을 개발해서 해외 여행객을 더 끌어들이고요.

이렇게 완성된 물건과 서비스를 '무역'을 통해 나누면 되는 겁니다. 이러면 국민이 10명뿐인 나라도 전 세계 80억 명의 고객을 얻게 되겠죠.
이처럼 현대 사회에서는 사람들뿐만 아니라 나라들 역시 분업을 하고 있습니다. 그리고 그 과정에서 무역이 아주 중요한 역할을 하고 있답니다.

초보 장사꾼,
위기를 만나다

다음 날 몬들은 다시 딸기밭 3일 사용료를 지불했다. 농사뿐만 아니라 반디M을 만드는 데도 땅이 필요했다.

"몬들, 반디M은 많이 만들었어?"

오늘 제나는 평소보다 서둘러 몬들을 찾아왔다. 반디M 사업을 시작한다는 생각에 잔뜩 들떠서.

그란발이 자랑스레 말했다.

"네 시간 만에 40통을 만들었어! 그중에 우리가 쓸 4통은 빼고 36통을 판매할 거야."

지우리가 제나와 하루에게 감사의 인사를 더 했다.

"나 혼자서 작은 냄비에 만들었다면 이만큼 못 만들었을 거야. 통을 바꾸고 분업까지 하니까 이렇게 되던걸? 좋은 방법을 알려 줘서 고마워."

이제 반디M의 가격을 정할 차례였다.

"몬들, 반디M은 얼마에 팔 거야?"

그란발이 배를 쭉 내밀며 말했다.

"한 통에 100골드 어때?"

지우리도 고개를 끄덕였다.

"암, 내 약은 훌륭하니까 그 정도 받아도 되지."

깜토는 벌써 약을 다 팔기라도 한 듯 신이 났다.

"와, 그럼 10개만 팔아도 1,000골드야!"

> 가격을 정할 때는 경쟁 제품의 가격을 생각해야 한다.

"과연. 가격을 우리 마음대로 정한다고 되는 게 아니군. 손님이 사고 싶어 할 만한 가격으로 정해야 해."

제나가 다시 물었다.

"맞아, 더 신중히 생각해 봐. 반디M은 얼마에 팔면 되겠니?"

그란발이 대답했다.

"벌레싹이랑 똑같이 12골드!"

지우리가 말했다.

"내 약을 더 많은 인간이 쓰면 반디에게 이로울 테니까, 반디M의 재료비인 2골드에 1골드만 더해 3골드."

비비가 말했다.

"하지만 3골드로 하면 우리가 농사 대신 이걸 만든 의미가 없는걸? 다 팔아도 재료비를 빼면 36골드밖에 남지 않잖아."

그러자 깜토가 재빨리 계산해서 적정한 가격을 제시했다.

"그럼 한 병에 8골드 어때? 36병을 다 팔면 재료비를 빼고도 216골드가 남으니까, 농사랑 같이 하면 기간 내에 충분히 벌금을 모을 수 있어."

제나가 활짝 웃어 보이며 G패스에서 파라솔 세트와 화이트보드를 꺼냈다.

"아주 좋아, 여러분. 내가 '초보 장사꾼 세트'를 소개하지. 물건을 팔려면 잘 보이게 놓는 것도 중요하거든. 여긴 판매대가 따로 없으니까 이런 가판대에 반디M을 진열해야 해. 이건 세워 놓는 화이트보드! 화이트보드에 '반디M, 8골드'라고 크게 써 놓으면 멀리서도 잘 보일 거야. 이것도 세일할 때 사 놓은 거니까 20골드에 팔게. 새 상품은 45골드나 한다고."

몬들은 얼떨결에 제나의 '초보 장사꾼 세트'를 구매했다. 제나에게 산 가판대에 반디M이 진열되었고, 화이트보드에는 상품명과 가격이 적혔다.

"깜토, 제나. 힘내라."

몬들은 깜토와 제나에게 판매를 맡기고 딸기 농장으로 돌아갔다. 깜토는 희망에 차 손님을 기다렸다. 제나는 아바타들이 지나갈 때마다 씩씩하게 소리쳤다.

"반디약 사세요, 반디레드를 반디골드로 바꿔 주는 반디 치료제예요!"

손님을 부르는 건 쉬웠으나, 사게 하는 건 어려웠다.

"어이구, 장난을 본격적으로 치네. 초보 농부들 속이려고 그러지?"

"좀 그럴듯하게 거짓말을 해야지. 반디 치료제가 뭐야? 그런 약이 어디 있어?"

제나가 외쳤다.

"이건 진짜 반디 치료제예요. 성능을 보세요."

"흥, 안 속아."

아바타들은 피식피식 웃으며 반디M을 가짜 약 취급했다. 반디M을 뿌려 반디레드를 반디골드로 바꿔 보여도 어떻게 한 거냐며 신기해하기만 했다. 아바타들의 놀림을 참고, 참고, 참던 깜토가 울먹였다.

"이 약 진짠데, 왜 다들 안 믿지? 어젯밤 늦게까지 정말 열심히 만들었는데······. 써 보지도 않고 놀려 대기만 해."

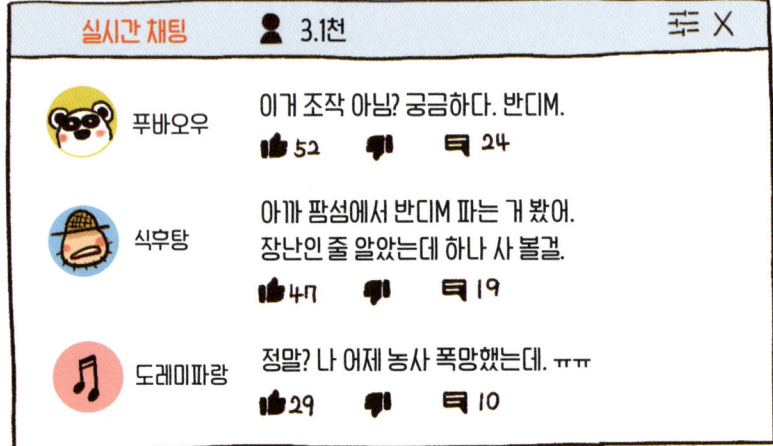

작년 가을에 나타난 반디레드는 팜섬의 큰 골칫거리였다. 반디레드의 출현을 반길 곳은 돈스타 대리점뿐이었다. 이런 시기에는 12골드짜리 벌레싹이 하루에 수백 개씩 팔려 나갔다. 농부들은 농사를 위해 어쩔 수 없이 벌레싹을 사서 써야 했다. 그런데 과일을 지킬 새로운 약이 나타났다. 가격도 8골드로 더 저렴한 데다, 반디레드가 죽지 않는다는 건 그만큼 사람에게도 안전하다는 뜻!

'하루가 간다' 영상을 보고 호기심을 느낀 아바타 두세 명이 찾아와 반디M을 사 갔다.

반디레드를 반디골드로 바꾸는 신기한 약의 정체는 곧 돈스타 대리점 점장의 귀에도 들어갔다.

'이게 대체 뭐야? 벌레싹의 경쟁 상품이 나왔다는 건가? 한 번 가 봐야겠군.'

'마지막 하나'라는 말에 돈스타 점장이 다른 아바타들을 제치고 반디M을 향해 몸을 날렸다.

점장의 손끝에 반디M이 잡힐 듯 말 듯하던 순간, 다른 아바타가 휙 낚아챘다. 그러고는 싱글벙글 웃으며 그 자리에서 반디레드를 향해 반디M을 칙칙 뿌렸다.

곧 반디레드의 눈이 까매지며 반디골드가 되었다.

"와, 이거 진짜잖아?"

하지만 이 모습을 지켜본 점장의 얼굴은 심각해졌다.

다음 날 아침, 돈스타 대리점에 새로운 플래카드가 걸렸다.

한 번도 할인한 적 없던 벌레싹의 파격적인 세일 소식에 유저들이 돈스타 대리점으로 몰려들었다.

"벌레싹이 8골드라고?"

"이게 웬 떡? 얼른 사 두자."

유저들의 아우성에 대리점 점장이 미소를 지었다.

"그럼 그렇지. 역시 돈스타 벌레싹이 최고라니까."

깜토는 이런 일이 벌어진 줄도 모르고 손님이 오기를 기다렸다. 어제도 몬들은 일찍 농사를 마무리하고 반디M을 만들었다. 오늘은 48병을 팔 계획이었다.

첫 번째 손님으로 온 농부가 반디M을 사 가며 물었다.

"반디M은 세일 안 해요? 벌레싹도 지금 8골드에 팔던데."

깜토는 깜짝 놀랐다. 벌레싹이 반디M과 같은 가격이라니.

'어쩌지? 농부들이 반디M보다 벌레싹을 선택할 것 같아.'

그나마 호기심에 반디M을 사 가는 아바타들이 있어 하나씩 팔리기는 했다. 그렇게 하루 종일 판 게 고작 10통이었다.

"얘들아, 어제 만든 반디M을 다 못팔았어. 더 만들었다가 그것도 못 팔면 어쩌지? 50통 재료비로 100골드가 들었는데, 재료비만 날리면 어떻게 해."

"우리 어제까지 모은 골드가 모두 얼마야?"

"340골드 정도. 오늘 농사 지은 딸기랑 반디M을 다 팔면 700골드 넘게 모을 수 있었는데."

얘기 중에도 꾸벅꾸벅 머리를 떨구던 그란발의 목이 아래로 푹 수그러졌다. 드르릉 쿨, 드르릉 쿨. 코 고는 소리가 울려 퍼졌다. 그란발에 이어 비비 대장이 쩌억 하품했다. 지우리 눈도 게슴츠레했다.

그러고 보니 요 이틀 동안 몬들은 농사와 반디M 제조를 함께 하느라 쉴 틈이 없었다.

"오늘은 약을 더 만들지 말고 쉴까?"

다행이라는 듯 지우리가 대답했다.

"하암, 그러자."

몬들은 눈을 감고 비척비척 텐트로 갔다. 깜토는 오늘 농사 지은 딸기를 팔기 위해 혼자 시장으로 향했다. 불이 환히 켜진 돈스타 대리점에는 늦은 시간까지 손님들이 끊이지 않았다. 깜토는 더 속상해져 농장으로 돌아왔다.

다음 날인 토요일에는 사정이 더 나빠졌다. 돈스타 대리점에서 원 플러스 원 행사를 열었기 때문이다.

돈스타 대리점의 점장은 제품을 할인 판매하는 것뿐만 아니라, '하루가 간다'의 반디M 영상 아래에 반디M을 깎아내리는 댓글을 계속 달았다.

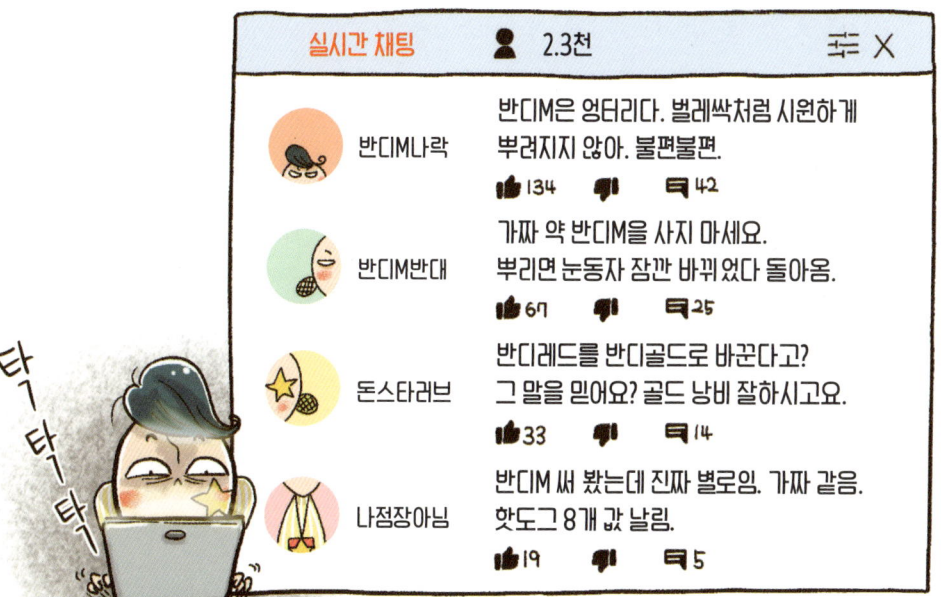

이런 댓글이 계속 달리자, 그 아래로 거짓말일 줄 알았다느니, 가짜라고 생각했다느니 하는 댓글들이 이어졌다. 유저들은 반디M을 비난하고, 세일하는 벌레싹에 환호했다. 이런 상황에서 깜토가 반디M을 팔 수 있을 리 없었다.

"오늘은 하나도 못 파는 건가."

골드를 더 벌기 위해 아이디어를 냈는데, 차라리 딸기 농사에 손을 보태는 편이 나을 뻔했다.

저녁 무렵에는 한 남자가 다가왔다. 남자는 덩그러니 앉아 G패스를 들여다보고 있는 깜토에게 물었다.

"반디M 하나 살게. 나도 테스트해 보고 싶거든."

수확을 마친 지우리와 그란발, 비비 대장이 걸어왔다. 비비 대장이 남자의 어깨를 두드렸다.

"이렇게 써 보기라도 하고 욕하는 거면 어쩔 수 없는데, 다른 사람들의 말만 듣고 같이 욕하는 사람들은 정말 이상해."

"인간들은 경솔하다. 지우리가 만든 반디M이 꼭 가짜 약인 것처럼 말하고."

지우리가 턱을 쓸었다.

"뛰어난 약초사인 나를 거짓말쟁이에 가짜 약이나 파는 사기꾼 취급을 하다니. 참을 수가 없어. 인간들은 왜 내 약이 반디 치료제라는 걸 안 믿지?"

남자가 말했다.

"흠, '치료제'라는 말을 빼는 게 어때? 반디레드는 바람이 불면 생겨나는 원인불명 버그야. 그걸 반디골드로 바꾸는 것만으로도 반디M은 충분히 신기하고 재미있거든."

지우리가 눈썹을 찌푸렸다.

"무슨 소리? 원인불명이라니. 호숫가에 있는 풀 때문인데. 이 약으로 치료할 수 있어. 반디레드가 반디골드로 변하는 건 본래 반디골드였기 때문이야. 내 약은 치료제가 맞아."

지우리 말에 남자의 눈이 동그래졌다.

"좀 더 자세히 말해 줄 수 있니?"

남자의 목소리가 조금 떨렸다. 지금까지 아무도 해결하지 못한 팜섬의 문제를 밝혀냈다니.

"얼마든지."

이기자 리포트 4

수요와 공급, 가격 결정

돈스타의 벌레싹이 반디레드의 유일한 해결책이던 골드시티에 경쟁 상품이 등장했군요. 골드시티 사람들은 어떤 약을 사게 될까요? 가격도 저렴하면서 더 좋은 물건이 더 많은 소비자의 선택을 받을 수 있겠죠?

분업은 공급을 늘리고 가격을 낮췄어요

일을 나누어 각자 한 가지 일만 꾸준히 하다 보면, 그 일을 정말 잘해 낼 수 있게 되는 분업의 효과는 우리 생활을 많이 바꾸었어요. 처음엔 자동차의 모든 것을 속속들이 다 아는 자동차 박사만 자동차를 만들 수 있었겠지만, 분업화가 되고부터는 조립을 잘하는 사람, 나사못을 잘 돌리는 사람, 망치질을 잘하는 사람 등 아주 일부의 작업만 할 줄 아는 사람들이 모이면, 자동차 박사보다 더 빨리 자동차를 만들어 낼 수 있게 되었으니까요. 덕분에 사람들이 살 수 있는 자동차의 양이 확 늘었고, 이로 인해 자동차 가격은 떨어지게 되었죠.

가격을 결정하는 건 소비자입니다

만약 자동차의 가격을 자동차 회사에게 결정하라고 한다면, 아주 비싼 가격표를 붙이고 싶겠죠. 마치 반디엠 한 통을 100골드에 팔자고 말한 그란발처럼요.

세상에 자동차가 한 대뿐이라면 돈이 많은 부자는 10억 원이든 20억 원이든 내고 그 차를 살 수도 있겠죠. 하지만 세상에는 10억 원 이상에는 절대 안 살 사람, 3천만 원 이상에는 안 살 사람 등 다양한 생각을 가진 사람들이 있어요. 자동차 가격은 바로 그런 사람들이 결정합니다.

생산한 자동차를 모두 팔아야 한다고 가정해 볼게요. 각자 자동차를 살 때 쓸 수 있는 돈을 이야기하고 그 금액이 높은 순서대로 줄을 세워요. 맨 앞에는 10억 원, 그다음에는 5억 원, 그다음은 5천만 원, 이렇게 줄이 생기겠죠. 만약 생산된 자동차가 100대라면 그 줄에 선 사람 중에 100번째 사람이 말한 액수가 바로 그 자동차의 가격이 될 거예요. 자동차 100대를 모두 팔려면, 100명이 모두 낼 수 있는 가격을 정해야 하니까요.

어떤 물건이든 소비자는 그 물건에 100만 원도 내겠다는 경우부터 100원밖에 못 낸다는 경우까지 다양해요. 시장 경제에서는 만든 물건에 비싼 비용을 지불하겠다는 소비자부터 차례대로 채워 가게 됩니다. 그래서 공급이 많아지면 100원만 내겠다는 소비자까지 그 물건을 가질 수 있게 되어, 그 물건의 가격은 100원이 되는 거고요. 공급이 적으면 50만 원을 내겠다는 소비자까지만 가질 수 있게 되니, 그 가격이 50만 원이 되는 거죠.

다시 말해, 어떤 물건이 비싸게 느껴진다면 그건 그 가격에도 사겠다는 소비자가 있는데, 하필 공급이 거기까지만 되고 있기 때문이라는 거예요.

그 문제를 해결하는 방법은 그렇게 비싼 가격에도 사겠다고 달려드는 소비자가 없게 하거나(그건 거의 불가능하겠죠?), 아니면 그 물건이 충분히 많이 생산되어 공급되도록 만드는 거랍니다.(그것도 어렵긴 하죠.)

가격이 비싸거나 싼 것도 소비자가 정하죠

우리가 일상생활에서 맞닥뜨리는 소비 환경에서도 이런 예를 찾아볼 수 있습니다. 예를 들어, 과일 가게에서 사과 한 개를 1만 원에 판다면, 그 가게의 손님들이 사과 한 개에 그만큼의 돈을 지불하고 사 간다는 의미입니다. 누군가가 그 가격에 사과를 사 가니, 가게 주인은 그 가격에 사과를 팔 수 있는 거죠. 하지만 아무도 1만 원에 사과를 사 가지 않는다면, 그 가격은 유지될 수 없어요.

반대로 어떤 물건이 '왜 이렇게 싸지?' 라는 생각이 든다면, 그건 대부분의 소비자가 그 가격보다 더 높은 가격은 절대 내지 않겠다고 생각하기 때문이에요. 사과를 아무리 비싸게 팔고 싶어도, 아무도 사과를 1천 원 이상에는 사 먹지 않는다면 사과의 가격은 자연스럽게 소비자가 구입을 하는 가격까지 떨어지게 되거든요.

이 상황을 보고 결국 가격은 판매자가 정하는 게 아니냐고 질문할 수도 있겠지만, 앞서 얘기한 것처럼 결국 가격을 움직이는 것은 소비자의 선택이랍니다. 어느 날 소비자가 다시 2천 원, 3천 원짜리 사과를 사기 시작하면, 가격은 다시 1천 원이 아니라 더 높은 가격에서 형성될 수도 있죠.

경쟁 제품의 등장은 가격을 낮추는 요인이 됩니다

벌레싹이 유일한 반디레드 퇴치제이던 팜섬에서 소비자들은 벌레싹의 가격이 얼마든지 간에 벌레싹을 살 수밖에 없었어요. 만약 소비자들이 벌레싹을 사지 않는다면, 그건 벌레싹의 구입 비용보다 농장에서 수확하는 농작물의 판매 수익이 적어질 때죠. 굳이 비싼 약을 사용해 가며 농사를 짓는 이익이 없으니까요.

그래서 기업은 이러한 조건까지 고려하여 가격을 책정합니다. 소비자가 제품을 살 정도로 합리적이되 기업의 이익은 최대로 끌어올릴 수 있는 가격이 바로 제품의 '정가'가 되는 거죠.

하지만 반디M 같은 경쟁 제품이 나오는 경우, 기업은 다양한 프로모션을 통해 제품의 매출을 유지하려고 노력합니다. 할인이나 1+1 행사 같은 걸 통해서 말이죠. 이러한 전략은 기업의 이익을 떨어뜨릴 수도 있으나, 경쟁 제품의 시장 진입을 막고 판매량을 더 늘려 매출을 유지하는 방법이기도 하답니다.

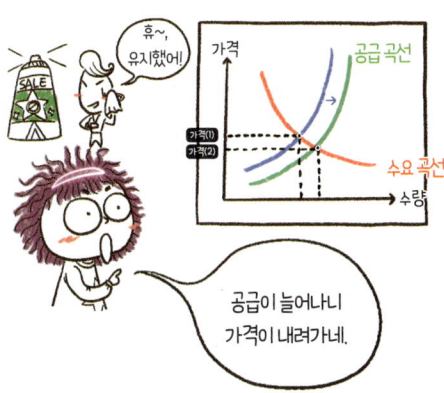

게임3 가로세로 낱말 퀴즈
그게 뭐였더라?

<몬말리는 경제 모험>을 재미있게 읽었다면, 반드시 풀 수 있는 퀴~즈!
가로와 세로의 힌트를 보고 단어 칸에 정답을 적어 봐!

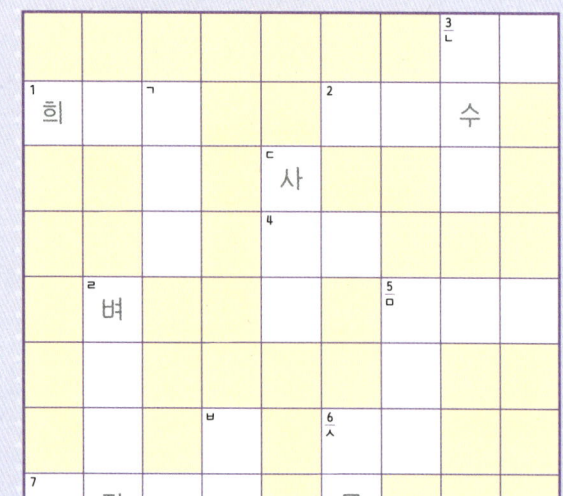

<가로 문제>

1. 욕구에 비하여 자원이 제한되어 있거나 부족한 상황
2. 잘게 간 얼음덩이 위에 팥과 떡 등을 올리고 연유나 우유를 끼얹어 만든 음식
3. 일을 나누어서 함.
   <OO을 하면 일의 능률도 올라요.>
4. 씩씩하고 굳센 기운
   <비비는 우리에게 OO를 북돋아 주는 친구야.>
5. 빛에 의해 생기는 검은 그늘
   <깜토가 속한 종족은 무엇일까?>
6. 어떤 일을 시작하거나, 목적지를 향하여 나아감.
   <우리 이제 팜섬으로 OO할까?>
7. 시장을 통한 재화나 용역의 거래를 중심으로 하여 성립하는 경제

<세로 문제>

ㄱ. 어떤 일을 이룰 수 있는 비율
   <낚시는 초보자에게는 OOO이 낮아.>
ㄴ. 정원이나 공원 등 물받이를 만들고 물을 뿜어 올리는 장치물. 골드시티 광장에 위치함.
ㄷ. 사용한 값으로 내는 요금
   <허니농장은 3일 빌리는 데 OO료가 얼마야?>
ㄹ. 온갖 중고품을 팔고 사는 시장
   <1권에서 '필요 없는 물건'이라는 말에 혹한 깜토가 소동을 일으킨 장소!>
ㅁ. 커다란 덩치, 보드라운 털, 겁쟁이지만 든든한 우리의 주인공 이름
ㅂ. 축하하여 벌이는 큰 규모의 행사
   <지난 장미 OO 아르바이트는 실패였어.>
ㅅ. 어떤 현상이나 대상이 나타났다 사라졌다 함.
   <경고!! 반디레드 OO!!>

★ 정답은 152쪽에서 확인하세요. ★

위기의 몬 원정대

어젯밤 몬들이 만난 남자의 아바타명은 빅토리. 빅토리는 지우리에게 요청해 촬영한 인터뷰를 편집해 G-TV에 올렸다. 제목은 '반디레드의 비밀'. 골드시티 곳곳을 누비며 궁금하고 재미난 걸 취재하는 '빅토리 궁금TV'는 인기가 많았다. 빅토리가 올린 '반디레드의 비밀'은 다음 날 어마어마한 폭풍을 몰고 왔다.

"반디레드가 팜섬 호숫가의 초록 꽃에서 나오는 꽃가루 때문에 생긴거라고?"

"와, 매번 바람 불 때마다 반디레드가 생겨 고생했는데, 그게 꽃가루 때문이었어?"

"난 오늘 팜섬 간다. 팜섬에서 직접 실험해 볼 거야."

"진짜면 이거 찾아낸 유저한테 상 줘야 해."

만나는 아바타마다 이런 이야기를 했고, 골드시티 게시판과 '반디레드의 비밀'에는 수없이 많은 댓글이 달렸다.

실시간 채팅	👤 23.5천	X
빅토리토리	확인했다. 소름. 이 영상 진짜 같음. 👍 5474 👎 💬 251	
명란젓코난	눈에 안 보이는 투명 꽃가루를 어떻게 찾아낸 거임? 👍 2757 👎 💬 183	
순대렐라	개발자도 못 찾아낸 버그를 유저가 찾아냄. 그 유저가 반디 치료제 반디M을 만듦. 천재 아님? 👍 1941 👎 💬 94	

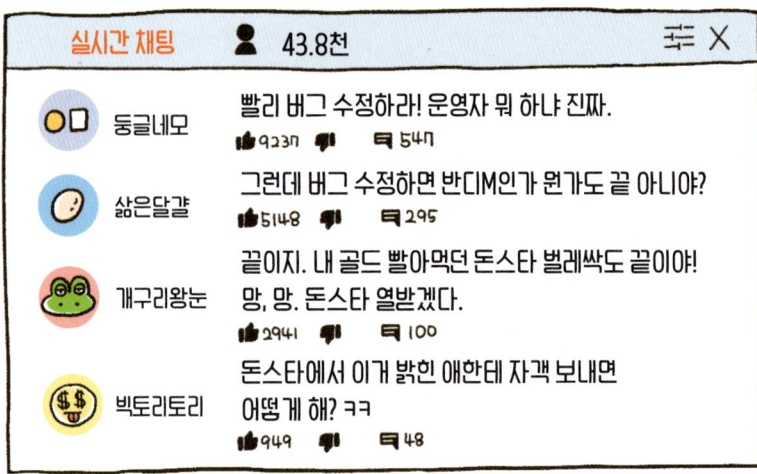

골드시티 모니터 직원을 통해 '빅토리 궁금TV' 영상이 팜섬 담당자에게도 알려졌다. 팜섬 담당자가 깜짝 놀랐다.

"호숫가 초록 꽃 때문이라고?"

팜섬 담당자가 조사를 시작했다. 담당자가 혼란스러운 목소리로 말했다.

"이런. 원래 팜섬에는 초록 꽃이 없었어. 반디레드도 없었고. 호숫가에 언제부터 이런 초록 꽃이 생긴 거지? 정말 이 초록 꽃만 없으면 반디레드 사태를 막을 수 있는 걸까?"

팜섬 담당자는 골드시티에 접속해 팜섬 호숫가로 갔다. 담당자처럼 실험하려는 아바타들로 호숫가가 바글거렸다. 담당자가 초록 꽃을 꺾어 반디골드를 향해 꽃가루를 날리자, 반디골드가 반디레드로 변했다. 영상 속 제보는 사실이었다. 그리고 다시 반디M을 뿌리자…….

깜토의 파라솔 가게 앞에는 반디M을 사려는 아바타들이 계속 찾아왔다. 아바타들은 호기심 어린 얼굴로 반디M을 사 이리저리 살펴보았다. 오늘 팜섬에는 농사를 지으러 온 사람보다 영상 속 내용을 직접 확인하려는 사람들이 더 많았다. 이들은 모두 양손에 초록 꽃과 반디M을 들고 있었다.

남아 있던 반디M 38통이 빠르게 줄었고 이내 모두 팔렸다.
"오늘 반디M 판매는 끝났습니다! 내일 오세요."
깜토 얼굴에 싱글벙글 웃음이 어렸다.
이날 저녁, 수확을 마친 몬들은 다 함께 시장으로 나왔다.
"이제 하루만 더 반디M을 팔면 1,000골드 넘게 모일 거야. 내일은 벌금 탈출!"
깜토의 말에 모두가 들떴다.
순간, 모두의 G패스에서 요란한 소리가 울려 댔다.

몬들은 무너지는 팜섬에서 간신히 벗어났다. 지지직거리며 지워진 풍경 너머는 텅 비어 있었다. 몬 원정대는 이곳이 인간들에 의해 만들어진 가상 세계라는 말을 비로소 이해했다.

"골드시티는 정말 기이한 곳이야. 신기하고 놀라워."

몬들은 방금 유저들이 지워지는 걸 똑똑히 보았다. 캐릭터 삭제라는 게 그런 거라면……. 그란발이 몸을 부르르 떨었다.

"깜토, 우리 내일까지 일해야 1,000골드가 되는 거였지? 이거 큰일이군."

깜토가 허둥지둥 G패스 속 골드를 찾았다.

"어어, 지금 내가 가지고 있는 골드는 모두……."

그란발이 침을 꿀꺽 삼키며 깜토의 말을 기다렸다.

"985골드야."

그란발이 안타까운 한숨을 쉬었다. 실망한 몬들이 바닥에 주저앉았다.

"골드를 버는 건 왜 이렇게 힘들까? 번다 싶으면 일이 생기고, 그 일을 넘기면 또 다른 일이 생겨."

몬들이 가진 골드를 모두 합치니 1,006골드였다. 비비가 마치 이 골드가 곧 사라지기라도 할 듯 서둘러 말했다.

"어서 가서 벌금을 내 버리자!"

몬들은 서둘러 시청으로 달렸다. 깜토가 모두의 골드를 모아 접수대로 향했다.

벌금을 내고 남은 골드를 확인한 그란발이 소리쳤다.

"우리 딱 6골드 남았네? 선착순 두 몬은 핫도그 두 개!"

몬들은 시청을 나와 핫도그 가게를 향해 우르르 달려갔다.

1등은 깜토, 2등은 그란발, 3등은 비비 대장이었다. 그리고 꼴찌인 지우리는……

"어? 지우리 맨 뒤에 오는 거 아니었어? 어디 갔지?"

 3권 미리보기

갑자기 지우리가 사라졌어!
동쪽 숲에서 돈스타의 원반 보드가 날아갔다고?

드디어 적성을 찾은 몬들, 골드시티에서의 첫 번째 위기를 무사히 넘기는 것 같았는데……, 이번엔 지우리가 사라지고 말았다!

지우리의 흔적을 찾아 사방으로 흩어진 가운데,
지우리가 사라진 곳에 돈스타의 대표가 왔었다는 소식을 접한다.
게·다·가!! 돈스타의 원반 보드 아래 매달린
저 그물망에 든 건 대체 뭐지?
설마 지우리?!!

어서 돈스타 빌딩으로 가야 해!
지우리, 우리가 간다~!

골드시티에서 가장 인기 있는 회사인 돈스타 앞에 선 몬들.
우연히 '인턴 채용'이라는 기회를 잡아 돈스타 입성에 성공한다.
그리고 회사 곳곳을 누비며 겨우 지우리를 찾지만,
지우리는 발작 증세를 보이며 쓰러지고 마는데.

"으아~! 진짜 큰일 났어!"
"몬들의 힘을 보여 주자!"

몬들과 인간들이 한판 붙으려는 순간, 겨우 눈을 뜬 지우리.

"얘들아, 그런 거 아니야……."

인재 채용을 최우선 과제로 삼는다는 돈스타,
골드시티를 움직일 다양한 제품을 만들어 왔다는데.
돈스타의 연구실에서는 무슨 일이 벌어지고 있을까?
지우리를 데려간 진짜 목적은?

'경제를 움직이는 기업의 이야기'가 3권에서 펼쳐집니다!

"다음 이야기도 기대해 줘!"

79쪽 게임1 정답

96쪽 게임2 정답

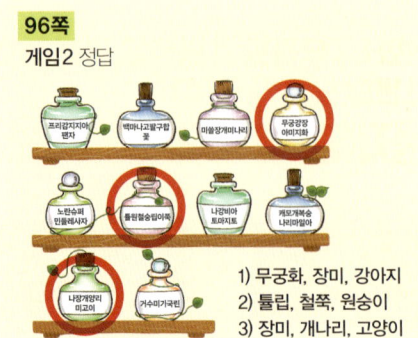

1) 무궁화, 장미, 강아지
2) 튤립, 철쭉, 원숭이
3) 장미, 개나리, 고양이

② 시장 경제의 비밀

138쪽 게임3 정답

					³분	업
희	소	성		²팥	빙	수
		ᶜ공	⁴사			대
		률	용	기		
	ᵇ벼		료		⁵그	림	자
	룩				란	
	시		ᵉ축		⁶출	발
⁷시	장	경	제		몰	

기획·해설 이진우
글 글몬 그림 지문 채색 조윤정
펴낸이 김영곤 펴낸곳 (주)북이십일 아울북

1판 1쇄 발행 2024년 1월 10일
1판 2쇄 발행 2025년 6월 6일

기획편집 문영 김미희 이해인 정유나 오경은 **디자인** 박지영
아동마케팅영업본부장 변유경 **아동영업팀** 강경남 오은희 김규희 황성진 양슬기
아동마케팅1팀 김영남 정성은 손용우 최윤아 송혜수
아동마케팅2팀 황혜선 이해림 이규림 이주은 **제작** 이영민 권경민
출판등록 2000년 5월 6일 제406-2003-061호
주소 (10881) 경기도 파주시 회동길 201(문발동)
대표전화 031-955-2100 **팩스** 031-955-2177 **홈페이지** www.book21.com

ISBN 979-11-7117-083-8
ISBN 979-11-7117-081-4 (세트)

이 책을 무단 복사·복제·전재하는 것은 저작권법에 저촉됩니다.

* 책값은 뒤표지에 있습니다.
* 잘못 만들어진 책은 구입하신 서점에서 교환해 드립니다.

- 제조자명: (주)북이십일
- 주소 및 전화번호: 경기도 파주시 회동길 201(문발동) 031-955-2100
- 제조연월: 2025년 6월 6일
- 제조국명: 대한민국
- 사용연령: 3세 이상 어린이 제품

너와 나, 우리들의 마음을 이해하게 도와줄
첫 번째 뇌과학 이야기
정재승의 인간 탐구 보고서 (1~17권)

❶ 인간은 외모에 집착한다
❷ 인간의 기억력은 형편없다
❸ 인간의 감정은 롤러코스터다
❹ 사춘기 땐 우리 모두 외계인
❺ 인간의 감각은 화려한 착각이다
❻ 성은 우리를 다르게 만든다
❼ 인간은 타고난 거짓말쟁이다
❽ 불안이 온갖 미신을 만든다
❾ 인간의 선택은 엉망진창이다
❿ 공감은 마음을 연결하는 통로
⓫ 인간을 울고 웃게 만드는 스트레스
⓬ 인간은 누구나 더없이 예술적이다
⓭ 인간은 모두 호기심 대마왕
⓮ 인간, 돈의 유혹에 퐁당 빠지다
⓯ 소용돌이치는 사춘기의 뇌
⓰ 사랑은 마음을 휘젓는 요술 지팡이
⓱ 음식, 인간의 마음을 요리하다

인류의 과거와 현재를 이어 줄
아우린들의 시간 여행!
정재승의 인류 탐험 보고서 (1~10권)

완간

❶ 위대한 모험의 시작
❷ 루시를 만나다
❸ 달려라, 호모 에렉투스!
❹ 화산섬의 호모 에렉투스
❺ 용감한 전사 네안데르탈인
❻ 지구 최고의 라이벌
❼ 수군수군 호모 사피엔스
❽ 대륙의 탐험가 호모 사피엔스
❾ 농사로 세상을 바꾼 호미닌
❿ 안녕, 아우레 탐사대!